SOMMAIRE

INTRODUCTION

L'amitié concerne tout le monde : elle transcende les frontières géographiques, les catégories sociales et les générations. Elle n'appartient à aucun territoire spécifique, à aucun groupe d'âge particulier, elle n'a aucune étiquette. Elle est une expérience universelle qui touche chaque être humain, peu importe son origine, son genre, son âge ou son parcours de vie. Que nous soyons dans l'adolescence, la fleur de l'âge ou celui de la sagesse, l'amitié demeure un pilier essentiel de notre existence.

Mais dans notre société où l'amour avec un grand A est roi, l'amitié est souvent reléguée au second plan. Pourquoi ne pas la replacer sur le devant de la scène et lui mettre un grand A à elle aussi ? Car l'amitié, tout comme l'amour, est un sentiment large, riche et fort, qui entraîne des émotions multiples, et lorsque ce mot résonne en nous, généralement, au moins une personne apparaît dans notre esprit pour donner vie à cette appellation si simple. Les liens de l'amitié tissent une toile invisible mais tout aussi puissante que l'amour, reliant les âmes de manière profonde et durable. Lorsque j'ai travaillé sur ce projet avec mon éditrice, elle a décrit l'amitié de manière simple mais pertinente : « C'est l'amour sans les codes sociaux et biologiques ». En amour, nous sommes généralement enchaînés par des conventions telles que l'engagement, la fidélité ou l'exclusivité. L'amitié, quant à elle, offre une liberté plus grande. Elle ne se limite pas à une seule personne et elle peut être aussi intense qu'une relation amoureuse, avec ses hauts et ses bas, ses passions et ses ruptures déchirantes.

Définir l'amitié semble être une tâche simple, mais *la vivre* s'avère souvent complexe. Car il faut le reconnaître : dans l'inconscient collectif, l'amitié est souvent perçue comme exclusivement positive et cela a entraîné pour beaucoup - moi y compris - une vision erronée de la réalité. La rupture amicale, la jalousie, les émotions intenses vis-à-vis de la relation, la difficulté à se faire des amis ou à les conserver et la solitude qui peut en découler, sont autant de thèmes qui restent encore trop tabous. Lorsque les choses se compliquent, les mots nous manquent parfois pour exprimer les peines et les émotions intenses liées à l'amitié. Peu de ressources existent sur le sujet et à force de ne pas avoir de réponse, on finit par se demander si c'est vraiment à cela que doivent ressembler nos amitiés au cours de notre vie : grandir, saluer et dire au revoir aux gens au fil des saisons…

Lorsque je me suis lancée dans l'écriture de ce livre, ce n'était pas par simple désir ou envie. C'était plutôt une nécessité profonde, je *devais* l'écrire. Pendant mes nombreux voyages amicaux, j'ai en effet vu des paysages merveilleux, mais j'ai aussi vécu les turbulences les plus infernales et cherché désespérément à prendre les commandes, mais le mode d'emploi me semblait à l'époque hors de portée. À un moment donné, mon avion a fini par se crasher et j'ai dû apprivoiser ce vaste océan par moi-même. Chaque vague d'émotion, chaque conflit, chaque rupture a été un défi que j'ai dû affronter sans guide ni soutien direct. J'avais été jetée en pleine mer, sans rames ni boussole. Malgré tout, au fil des épreuves, j'ai découvert des ressources insoupçonnées en moi-même. Et pendant que je luttais dans cet océan tumultueux de l'amitié, j'ai réalisé que chaque épreuve était une leçon et chaque vague, un enseignement sur la force et la fragilité des liens humains. L'amitié, c'est la vague mais c'est aussi la voile et le radeau : ça nous porte, ça nous soutient, ça nous pousse. J'ai donc eu envie de partager tout cela. Je n'ai pas la prétention de détenir la vérité absolue sur ce sujet si vaste et encore moins de me poser en spécialiste de l'amitié. Le livre que vous tenez entre vos mains doit plutôt être perçu comme un refuge, un endroit où vous pourrez trouver du réconfort lorsque l'amitié vous mettra à l'épreuve. Mais il ne se limite pas à explorer les défis et les obstacles de l'amitié : il célèbre également la beauté et la richesse que cette relation apporte à nos vies. En effet, l'amitié est bien plus qu'une série de difficultés à surmonter ; elle est aussi une source infinie de joie, de réconfort et de bonheur. Chaque amitié est un monde en soi, avec ses propres aventures, ses hauts et ses bas, ses moments de complicité et de tendresse.

Dans ce livre, je vous invite à plonger dans mes anecdotes personnelles ainsi que dans des témoignages de proches, à découvrir des expériences vécues, à travers le prisme des émotions. Mon approche est profondément subjective, car je souhaite vous offrir une perspective intime sur l'amitié. À travers mes propres histoires et observations, je vais essayer d'explorer les nuances et les complexités de relations amicales vécues, afin d'en tirer des conclusions qui pourront vous éclairer et vous guider dans votre propre exploration. Chaque chapitre se compose de trois parties : une anecdote vécue ; une rubrique « Vous n'êtes pas seul(e) », qui tente d'analyser les tenants et aboutissants de cette histoire ; et une rubrique « Tout va bien/Ça va aller ! » avec le partage de quelques conseils issus de mon analyse de la situation. Il est important de reconnaître que chacun a ses propres vécus et ressentis, et qu'ils sont tous légitimes. En partageant mes réflexions, je souhaite également vous encourager à réfléchir à vos propres expériences, à les interpréter à la lumière de votre propre réalité.

Partons à la découverte des multiples facettes de l'amitié, de ses épreuves les plus sombres à ses merveilles insoupçonnées. Celles qui font du mal comme celles qui font du bien. Celles qui nous confrontent à la trahison, à la déception et à la solitude tout comme celles qui nous offrent la loyauté, le soutien et la bienveillance. Je crois fermement que ces histoires font partie intégrante de notre cheminement, qu'elles nous permettent de grandir, de nous fortifier et de mieux apprécier les liens qui nous sont chers. C'est en traversant ces moments que nous apprenons à reconnaître les véritables amis, ceux et celles qui restent à nos côtés même lorsque la tempête fait rage. Ainsi, que ce soit dans la joie ou dans la peine, l'amitié est une expérience incontournable, une source de richesse et de croissance personnelle incomparables. C'est pourquoi je vous encourage à embrasser pleinement cette aventure, à vous ouvrir aux autres, à partager vos rires, vos larmes, vos espoirs et vos craintes. C'est dans ces échanges sincères que se trouve la véritable essence de l'amitié, celle qui donne un sens profond à nos vies et qui nous accompagne tout au long de notre voyage.

Chapitre 1

SURMONTER LA DOULEUR DE NE PAS AVOIR D'AMIS

Quand la honte et la solitude détruisent toute notre confiance

Parce qu'elles estimaient qu'on était trop souvent en désaccord, mes meilleures amies avaient décidé de me laisser tomber. À partir de ce moment, j'avais passé mes journées allongée dans mon lit, à me torturer de questions sur ce qui n'aillait pas chez moi. Était-ce normal de se retrouver sans amis à dix-neuf ans ? La solitude m'accablait de honte, comme si ma valeur se résumait à ce vide relationnel. Et à chaque fois que mon téléphone sonnait, je savais que c'était soit mes parents, soit mes sœurs, et pas une amie. J'étais tellement embarrassée, j'avais peur que mes proches le remarquent.

Je m'ennuyais, les journées étaient longues et se ressemblaient. Je les passais à regarder les photos et vidéos des autres en train de vivre de merveilleux moments d'amitié. Et ça me faisait physiquement mal : à chaque image, je ressentais un pincement au cœur. Combien de temps s'était-il écoulé depuis ma dernière sortie avec quelqu'un ? Et depuis quand n'avais-je pas échangé avec une personne en dehors de ma famille ?

Les quatre murs de ma chambre étaient tout simplement en train de m'étouffer. Je pensais craindre la solitude ; en vérité ce n'était pas la solitude qui me terrifiait, mais plutôt l'idée de me perdre dans mes propres pensées et de ne plus avoir quelqu'un à mes côtés avec qui les partager. À cause de la honte d'être sans amis, mes pensées négatives, mes insécurités et mes angoisses avaient repris le dessus. « Je suis nulle », « Personne ne veut de moi », « Est-ce que je vais rester seule toute ma vie ? » Je ne pensais qu'à ça. Je voulais tellement avoir un groupe de copines avec qui je pourrais rire aux éclats jusqu'à en perdre le souffle, discuter jusqu'à avoir la bouche sèche et simplement me sentir pleinement moi-même. C'est comme s'il manquait une partie de moi, je me sentais vide.

J'avais arrêté de sortir de chez moi. Je mettais les pieds dehors seulement en cas d'événement majeur (comme prendre mes cours de conduite ou aller à mes rendez-vous médicaux). L'une des rares fois où j'avais décidé de me rendre en ville de mon plein gré pour profiter du beau temps, j'avais eu la malchance de croiser par hasard mes deux anciennes amies. Elles avaient fait demi-tour dès qu'elles m'avaient aperçue. Je ne sais pas qui était le plus ridicule : moi, en panique, en train de tapoter n'importe quoi sur mon téléphone, ou elles, en train de prendre la fuite comme si je devais être évitée à tout prix... J'avais senti mon cœur se froisser.

Lorsque je cherchais quelqu'un qui puisse comprendre ma douleur, je ne trouvais absolument personne à qui me confier. J'avais tout tenté pour passer au-dessus de ce vide et cette souffrance, allant même jusqu'à ignorer la solitude, car je pensais que la reconnaître serait une faiblesse que je pourrais finir par surmonter. Cependant la seule conclusion totalement absurde que j'avais tirée de ma situation était la suivante : plus je ressentais le besoin de compagnie, plus je me sentais isolée, et plus je me sentais isolée, moins j'étais capable de tendre la main. Et moins j'avais d'interaction sociale, plus mon état empirait. J'étais coincée dans ce schéma. Néanmoins, je n'avais strictement aucune envie de retourner vers mes anciennes amies. Pourtant je m'étais sentie tentée, j'avais été à deux doigts de m'y abaisser pour mettre fin au supplice. J'étais prête à piétiner mon respect de moi-même et pardonner leur méchanceté... Chaque jour passé dans cet état de solitude était un jour de trop, et je ressentais l'urgence de changer les choses. Je devais agir rapidement pour retrouver un équilibre dans ma vie.

VOUS N'ÊTES PAS SEUL(E)

Quelle que soit la raison pour laquelle vous vous retrouvez seul(e) - vous avez vécu un déménagement, une rupture amicale (on en reparle p. 115) ou alors, comme moi, un événement de vie traumatisant qui a changé le cours de votre vie et donc vos amitiés - c'est dur de ne pas avoir d'amis (et non, vous n'exagérez pas). Il faut savoir que ça arrive à tout le monde, que ce n'est pas uniquement de votre faute, et que ça passera.

Ça arrive à tout âge

La solitude amicale peut frapper à n'importe quel âge. Il suffit d'un événement bouleversant pour rompre les liens existants. Tout changement de situation peut entraîner la perte d'amis, et souvent, nous n'y pouvons rien : un déménagement qui nous éloigne de notre cercle social, une transition de vie (comme passer d'une école à une autre, changer d'emploi, de ville, etc.), des ajustements dans nos habitudes de vie (comme l'arrivée d'un bébé qui réduit nos sorties), des changements de statut (un divorce, par exemple) ou des évolutions personnelles. La solitude amicale devient souvent plus courante à l'âge adulte. Nos cercles sociaux se réduisent à mesure que nous avançons dans la vie. Les occasions de sociabiliser peuvent diminuer à cause de nos responsabilités professionnelles ou de nos études, de nos engagements familiaux, de nos obligations domestiques. Parfois, notre quotidien bien rempli, nos priorités familiales, notre travail prennent le dessus sur nos relations amicales, ce qui peut entraîner un éloignement progressif de nos amis. De plus, des amis qui étaient autrefois très intimes peuvent s'éloigner à cause de circonstances de vie qui changent ou de chemins divergents. On réalise alors qu'on n'a plus vraiment de personnes proches avec qui partager nos joies, nos peines, nos doutes. Même s'il nous reste quelques amis éloignés, l'absence de proximité peut générer un sentiment de solitude et d'isolement. On peut ressentir de la honte ou de l'embarras à admettre que notre vie sociale n'est pas aussi pleine sur le plan amical qu'on le voudrait. Parfois, on a l'impression de ne pas être à la hauteur des normes sociales, ou on craint le jugement des autres face à notre solitude. C'est tout à fait normal de ressentir cela, vous n'avez pas à avoir honte.

Il n'y a pas de honte, tout le monde ou presque a déjà vécu la solitude amicale

Dans notre société, le fait de ne pas avoir d'amis est très mal vu : si on n'a pas d'amis, qu'on n'est pas une « créature sociale », on est souvent perçu comme quelqu'un de bizarre ou d'anormal. Certainement parce que la survie de notre espèce et toute notre culture sont fondées sur l'organisation en société, en être en marge fait peur. L'amitié est vue comme une évidence, une capacité naturelle. Elle va de soi. Tout le monde a des amis. Ne pas en avoir nous place en dehors de la norme et nous met en défaut. C'est une faute pour laquelle la société nous juge… et par laquelle nous nous jugeons aussi.

Ce sujet est très tabou. Un silence s'installe par honte (et peut-être parce que cela remet en cause notre fonctionnement profond). Et dans un monde où la technologie et les réseaux sociaux sont censés nous faciliter la tâche et nous rapprocher, on se sent plus seul que jamais. Ne pas avoir d'amis est triste, décourageant, pénible… mais n'est pas honteux. Il est donc important de changer le regard de notre société sur cette question : oui, c'est dommage et embêtant de ne pas avoir d'amis car tout le monde mérite une bonne compagnie, mais ce n'est absolument pas embarrassant ni humiliant.

Certains disent que « ne pas avoir d'amis est la meilleure chose qui puisse leur arriver » parce que ça permet d'apprendre à se connaître et d'apprécier sa propre compagnie (voir plus loin, p. 17). Pour être passée par là et avoir réussi à surmonter cette période de solitude, oui, c'est certain (car sinon je n'aurais pas pu écrire ce livre). Mais sur le coup, il faut assumer la vérité : ça fait *très* mal. Et surtout, ce n'est pas un constat que l'on souhaite entendre à ce moment-là. Je n'avais pas besoin que l'on me dise que c'était un mal pour un bien ou que ça allait passer ; ce dont j'avais besoin, c'était d'être comprise, et surtout de savoir que je n'étais pas seule à traverser cette épreuve gênante, déstabilisante et douloureuse. Que, oui, j'avais le droit d'être triste, submergée et affligée et que non, je n'étais pas réduite au désespoir et à la honte. J'avais besoin de cette consolation, tout en sachant que je n'étais pas la seule à mener ce combat.

Une vulnérabilité qui fragilise toute notre construction intérieure et notre confiance en nous

Il est important de préciser la différence entre vouloir être seul et la solitude. Vouloir être seul est un choix et une envie, on choisit d'être seul après une longue journée en compagnie des autres. On aime être seul et ce n'est pas inconfortable pour nous. Tandis que le sentiment de solitude est un état déconcertant qu'on ne choisit pas. Il y a des personnes qui aiment être seules mais n'aiment pas *se sentir* seules. Cet isolement subi peut causer des torts à notre santé mentale. À cause de cette solitude, j'ai perdu petit à petit confiance en moi, et mon estime personnelle a chuté considérablement. En ce qui me concerne, je souffre d'anxiété et le fait de me sentir seule l'a aggravée, au point où je ne désirais même plus sortir de chez moi. Sur le moment, la déprime et l'embarras étaient mes seuls compagnons de route.

En plus de la solitude amicale, je me sentais isolée dans ce vécu. À l'époque, il n'était pas courant de partager ouvertement ses inquiétudes, ses émotions et ses questions de santé mentale sur les réseaux sociaux. Cette absence de connexion avec d'autres qui auraient été dans une situation similaire était profondément déconcertante. Cela poussait à remettre en question, non seulement l'environnement extérieur, mais aussi mes propres pensées et émotions. Cette solitude plonge dans un état de confusion et de chaos mental. Mon cerveau était en proie à une multitude de pensées tourbillonnantes qui semblaient ne jamais s'arrêter. Chaque question sans réponse, chaque doute, chaque émotion refoulée, contribuait à une sensation très forte de désordre interne.

La capacité à créer des liens avec les autres est essentielle à notre bien-être émotionnel et social. Lorsque nous avons l'impression de perdre cette capacité, que ce soit à cause de circonstances extérieures ou de difficultés émotionnelles, cela peut engendrer un profond sentiment de vide et de désarroi. Nous nous sentons perdus, déconnectés et isolés. Cette perte de connexion peut nous faire remettre en question qui nous sommes et ce que nous valons. C'est dans ces moments-là que nous prenons conscience de l'importance vitale des liens sociaux et de la nécessité de les cultiver et de les préserver dans notre vie. Dans les moments de solitude et de vide émotionnel, il est important de se rappeler que ces périodes sont temporaires. En restant ouverts aux opportunités et en cultivant la patience, nous pouvons surmonter ces défis et retrouver un sentiment de connexion avec les autres.

ÇA VA ALLER !

Arrêtez de vous juger et de culpabiliser !

Acceptez ce qui se passe et normalisez ce passage à vide. Ne pas avoir d'amis n'est ni un défaut, ni étrange, ni honteux. C'est *difficile*, c'est *nul* et il est *normal* de se sentir au fond du gouffre. À cause de ce manque de confiance, il est naturel de craindre que personne ne veuille se rapprocher de nous, puisque nous ne nous trouvons plus intéressants. Et vous savez quoi ? Ressentir tout cela est parfaitement normal et vous *êtes* quelqu'un d'intéressant, quoi que vous en pensiez sur le moment. Il m'a fallu beaucoup de temps pour reconnaître que mes émotions étaient justes, et surtout que je n'étais pas seule dans cette situation. La douleur de ne pas avoir d'amis est beaucoup plus commune qu'on ne le pense. Les émotions que l'on ressent pendant cette période ne sont pas interdites, elles ont le droit d'être communiquées ou d'être exprimées sans honte. Chercher à me persuader que cette situation ne me gênait pas tant que ça revenait à refouler ce qui se passait réellement en moi et développait ma culpabilité et l'envie de m'isoler encore plus. Moi qui suis très sensible, je passais mon temps dans le déni, à ignorer ma situation, tout en me surchargeant de travail et en me repliant sur moi. À cause de cela, j'étais devenue une proie facile face pour cette honte qui n'avait pas lieu d'être.

Le *journaling* pour réduire la douleur et la honte

Pour éviter cette surcharge émotionnelle qui malmène la confiance en soi, il faut apprendre à avoir un tout nouveau regard sur ses émotions, ne plus avoir honte d'elles et, surtout, les accepter au lieu de les renier, afin de pouvoir s'apaiser et prendre du recul par rapport à la situation.

Pour cela, vous pouvez noter toutes les choses qui vous paraissent difficiles ou insurmontables. Cela peut être par exemple les moments où il vous est difficile de sortir seul de chez vous ou alors le fait de ne plus avoir de confident. À force d'écrire, vous vous sentirez beaucoup moins lourd. Le *journaling*, pour moi, c'est comme faire un bilan de ce qui va et de ce qui ne va pas dans ma vie. Grâce à ça, je me sens moins vulnérable face aux épreuves et plus en sécurité avec moi-même. Je ne me juge pas à travers mes écrits. Quand je me relis, je ressens également beaucoup de compassion envers moi-même, et je me demande même : « Est-ce qu'il y a des preuves que toutes mes pensées négatives, de honte, ou de culpabilité, sont justifiées ? » Et à chaque fin de séance, je me sens beaucoup plus légère et plus du tout sur le point d'exploser.

Restez confiant

C'est l'envie d'avoir des amis qui m'a fait sortir du silence. Quand la douleur de ne pas avoir d'amis s'installe, l'envie d'en avoir est également présente en nous. Et c'est ce sentiment qui nous fait dépasser cette douleur et passer à l'action. Peu importe le temps que ça prend, cette situation n'est pas permanente.

Après plusieurs mois de découragement, j'ai décidé de briser ma carapace petit à petit pour rechercher de nouvelles amitiés. Je ne savais absolument pas par où commencer et surtout comment faire. Il n'existe pas vraiment de mode d'emploi sur la façon de se faire des amis. Et vu qu'il n'y en avait pas, j'ai décidé de créer mes propres règles et instructions. Et ce serait un mensonge de vous dire que j'avais toutes les réponses immédiatement… Tout ce que je savais c'était qu'en premier lieu, je devais arrêter de me morfondre et changer ma perception de l'amitié mais également de moi-même.

Apprenez à apprécier votre propre compagnie

C'est la règle de survie n° 1 : avant de s'occuper des autres, il faut toujours s'occuper de soi. Le sentiment d'être vide et incomplet, lié au manque de relations sociales, a beau être présent, il est important de savoir apprécier sa propre compagnie. Au début, je trouvais que c'était complètement contre-intuitif d'apprendre à se connaître et à s'aimer soi-même : est-ce que ce n'est pas censé être inné ? Mais au fil du temps, je me suis rendu compte que si mes expériences m'avaient aidée à devenir la personne que je suis, cela ne signifiait pas forcément que je savais qui j'étais vraiment, ce qui me passionnait et ce que j'attendais de la vie. Se sentir bien par soi-même consistait à découvrir une source de bonheur et de satisfaction intérieure qui ne dépendait pas entièrement des autres. Cela ne signifiait pas être totalement indépendante émotionnellement, mais plutôt cultiver une relation saine avec moi-même.

Ce qui m'a frappée après avoir perdu mes amis, c'est que je n'avais aucune idée de ce que j'aimais vraiment faire. Si quelqu'un m'avait posé la question, j'aurais lancé des trucs qui collaient avec mon âge, comme adorer la littérature et aller boire un chocolat chaud dans le café d'à côté. J'ai donc pris une feuille, j'ai écrit un grand « moi » bien au milieu avec des flèches qui se dirigeaient vers toutes les choses simples que j'aimais et qui définissaient la personne que j'étais. Et je les ai ajoutées sur ma *to-do list* pour sortir de la monotonie. J'ai donc essayé des cours de cuisine, me suis inscrite à la salle de sport, j'ai travaillé dans une boutique haut de gamme...

Lorsque je trouvais ces choses difficiles à faire seule, que je me demandais constamment qui j'étais et où j'allais, je me raisonnais en me disant qu'il était important de m'accorder un peu de temps pour prendre soin de moi. J'ai donc appris à m'aimer. Je n'avais plus envie de me laisser tomber et je n'avais plus envie d'attendre d'être parfaite ou d'avoir les réponses à toutes mes questions pour mériter mon amour. Ce ne sont pas mes nouveaux amis qui allaient apprendre à cultiver l'amour que je pouvais avoir pour moi-même, ils pouvaient seulement apprécier ce que j'étais déjà. Je devais m'aimer à travers mes mots. Même si c'était plus facile à dire qu'à faire, je savais que je faisais de mon mieux et c'est ce qui comptait. Je devais garder en tête que « faire de mon mieux » était différent tous les jours.

J'ai ensuite créé mon cocon réconfort, c'était tout aussi important que de vivre ces nouvelles aventures à la découverte de moi. Cela signifiait généralement me perdre dans un grand roman, regarder une série, prendre un bain chaud et dormir au moins huit heures. Après cela, mes pensées devenaient moins erratiques et je me sentais beaucoup plus calme et prête à affronter les défis à venir.

Avant, je croyais que j'avais besoin d'avoir des amis pour faire toutes ces choses, mais ma perception était fausse. On a la capacité de faire tout ce que l'on aime par soi-même, et cette découverte m'a donné beaucoup plus de sérénité et m'a permis d'ouvrir mon cœur aux autres. Ma solitude était devenue comme une force. Cette période m'a amenée à reprendre confiance en moi et a remonté mon estime personnelle pour changer ma perception de l'amitié et apprendre à faire de nouvelles rencontres.

Ouvrez votre horizon et envisagez d'autres types d'amitié

J'avais une vision assez limitée de ce qui constituait une amitié. Ça devait être : un lien avec quelqu'un de mon âge, quelqu'un que je connaissais déjà, ou alors quelqu'un que je devais absolument rencontrer dans mon milieu scolaire ou professionnel. Mais en réalité, il y a tellement de sortes d'amitié ! L'amitié, c'est avant tout une connexion, une compréhension et une bonne entente avec une autre personne, peu importe qui elle est, quel âge elle a et d'où elle vient.

La première chose qui m'est venue en tête pour trouver des amis était bien évidemment les réseaux sociaux. Pour quelqu'un comme moi qui a du mal avec les interactions sociales, il est beaucoup plus facile d'être derrière son écran. Puis ma liste d'opportunités de me faire des amis a commencé à devenir de plus en plus longue, ce n'étaient pas les endroits qui manquaient, le problème était plutôt les barrières que je me mettais par peur de ne pas savoir m'y prendre (je parle en détail de la peur de ne pas être à la hauteur et des difficultés à sociabiliser p. 26). Je pouvais m'inscrire dans un *bookclub* en ligne ou dans un groupe de randonnée. Aller à des événements culturels (festival du livre, de musique ou de film…) et puis, pour ceux qui ont un chien, vous pouvez par exemple aller dans un parc spécialement conçu pour eux et en profiter pour discuter avec les autres propriétaires de chiens. Je m'étais également inscrite dans un groupe de volontariat où des jeunes filles de mon âge réalisaient toutes sortes d'activités pour la commune. Je n'avais aucune idée auparavant de tous les gens qu'on pouvait rencontrer lorsque l'on s'inscrit à des événements et des organisations caritatives locales. Pour maximiser mes chances de faire des rencontres enrichissantes, j'ai compris qu'il était essentiel de choisir des activités participatives qui favorisent les interactions sociales. Aujourd'hui, je privilégie donc les activités dans lesquelles les gens sont ouverts à la discussion et à la connexion, comme des cours, des clubs, des groupes de loisirs ou des événements communautaires. Je recherche des environnements où les gens partagent des intérêts similaires aux miens, car cela facilite les échanges et la création de liens. J'évite les endroits où les interactions sont limitées, comme les bars bruyants, ou les activités où les gens sont plus enclins à rester dans leur bulle. Je priorise les lieux et les activités qui encouragent la participation, la conversation et le partage d'expériences, car ce sont là que se trouvent les meilleures opportunités de créer des liens authentiques.

Acceptez de vous montrer vulnérable

Vouloir des amis représente un engagement envers soi-même et envers les autres, un engagement à être ouvert et vulnérable afin de favoriser une connexion sincère. C'est une décision consciente de rencontrer de nouvelles personnes, de passer du temps avec elles et de chercher à maintenir ces liens. Mais ce processus n'est pas sans risque. En choisissant de sortir de sa zone de confort pour rencontrer de nouvelles personnes, on accepte une vulnérabilité accrue, même si notre instinct nous invite plutôt à nous protéger. Pourtant, toute relation significative commence par un risque. C'est une décision courageuse de se mettre en avant, de s'ouvrir à de nouvelles possibilités et de créer des amitiés qui enrichissent notre vie. Parfois, il faut prendre ce risque pour aller à la rencontre des merveilleuses amitiés que l'on mérite.

Acceptez que cela puisse prendre un peu de temps

Se faire des amis est frustrant. Il m'arrivait de participer à des événements où je ne parlais à personne et je finissais par rentrer chez moi. Cependant, avec le temps, j'ai appris à être patiente sans pour autant me forcer. J'ai réalisé que je ne pouvais pas tout contrôler dans ce processus et j'ai préféré me concentrer sur les aspects que je pouvais modifier, comme mon attitude et mes actions... Tout comme dans un jardin, pour voir fleurir les amitiés, il faut parfois laisser le temps à la graine de germer et de s'épanouir. Rien ne presse. J'ai commencé à adopter une approche plus détendue, à me concentrer sur le fait d'être présente et ouverte aux opportunités de rencontre, sans attentes précises ni pression. J'ai appris à apprécier le processus lui-même, à me laisser guider par mes intuitions et mes intérêts, tout en comprenant que les amitiés sincères prennent du temps à se développer.

WEIRD FRIENDSHIP

Il est normal de vouloir créer des liens autour de soi, mais inutile de forcer l'amitié si vous ne vous reconnaissez pas dans la relation. Je vous donne un exemple assez parlant. Il y avait cette fille de mon âge... Nous avions étudié dans la même ville et partagions quelques centres d'intérêt. Après nous être suivies sur les réseaux sociaux pendant un certain temps et avoir échangé quelques messages en ligne, nous avons décidé de nous rencontrer physiquement. Lors de cette rencontre, les choses ne se sont pas vraiment déroulées comme nous l'avions espéré. Malgré nos affinités virtuelles, la communication en face-à-face était laborieuse, ponctuée de longs silences gênants. Nous avons eu du mal à trouver notre équilibre, à créer un lien réel. Je suis ressortie de cette rencontre en me demandant si c'était moi qui éprouvais des difficultés à m'exprimer ou si, tout simplement, la relation proposée ne correspondait pas à nos attentes respectives. Dans l'ensemble, c'était une expérience très étrange et décevante. Cela m'a appris que l'amitié ne se limite pas à combler un vide, elle exige le respect de soi et des autres. Il est crucial de rester fidèle à ses valeurs et à ses désirs, et de ne pas utiliser les autres comme un simple moyen de se sentir mieux.

Chapitre 2

DÉPASSER LA DIFFICULTÉ À SE FAIRE DES AMIS

Quand on se sent nul(le) parce qu'on ne parvient pas à sociabiliser

Il y a eu une très longue période de ma vie pendant laquelle j'ai eu des difficultés à me faire des amis. C'étaient mes années collège. Déjà parce que je ne savais pas comment m'y prendre, mais surtout parce que je pensais que je n'étais pas assez jolie ni assez bien habillée, que je n'avais pas de sac Longchamp ou de baskets Victoria (c'était à la mode en 2011). Et que la seule façon de me faire accepter par les autres était d'être une « yes man », alors je disais « oui » à tout, quitte à offrir mes dernières feuilles de dessin Canson à ceux qui avaient oublié les leurs pendant les cours d'art plastique, ou à donner de l'argent à la fille populaire (à qui je n'avais jamais parlé) qui était censée me les rembourser le lendemain (mais ne l'a jamais fait). J'étais prête à tout pour m'intégrer. Je pensais qu'en rendant service et en étant gentille, je me ferais accepter plus facilement par les gens, mais j'avais tort.

Au collège, il existait une hiérarchie sociale allant de « nul » à « populaire », en passant par « moyen ». Si je n'arrivais pas à me faire des amis, je croyais que c'était tout simplement parce que mon physique ou ma façon de m'habiller ne plaisait pas. Alors, pour ne pas être une personne « nulle », j'investissais toute mon énergie et mon bonheur à obtenir l'approbation des autres. Pour me faire valider, j'essayais de m'intéresser aux mêmes sujets que les autres et, lors de conversations groupées, je partageais mon enthousiasme. Mais malgré ces efforts de communication qui me demandaient beaucoup de courage, personne ne semblait s'intéresser à ce que j'avais à dire et mes mots, une fois prononcés, étaient rapidement oubliés. C'était seulement quand je rentrais chez moi, après une journée longue et éprouvante à jouer un rôle, que je laissais tomber le masque. J'étais pétrifiée à l'idée de me montrer telle que j'étais au fond de moi, mais mes efforts pour ne pas être moi-même avaient porté leurs fruits car j'avais réussi à échanger mon numéro de téléphone avec une des filles de ma classe. J'avais sauté de joie lorsque j'avais reçu mon tout premier message de sa part (même si c'était une chaîne de messages qu'elle avait probablement dû faire suivre à tous ses contacts).

Puis il y a eu ce jour fatidique où l'on m'a volé mon téléphone en plein cours de physique-chimie. Le coup avait été monté par Léanne, une « amie » qui aimait m'utiliser comme bouche-trou lorsque ça l'arrangeait. C'étaient les minutes les plus terrifiantes de mes quatorze ans car perdre mon téléphone, c'était un peu comme perdre un membre de mon corps, avec tous les secrets qui se trouvaient dedans. Léanne l'avait retrouvé, comme par magie, quelque temps plus tard. Il était « bêtement » caché en dessous de nos cahiers. Est-ce que je savais que c'était elle ? Oui. Est-ce que j'avais le courage de dire quelque chose ? Non. Est-ce que les autres m'auraient crue (en prenant en compte ma place dans la hiérarchie scolaire) ? Absolument pas. Et c'est pile à ce moment-là que je me suis rendu compte que je m'étais trompée sur toute la ligne. Malheureusement, ça ne m'a pas empêchée de continuer à choisir les pires options en amitié. Mais ça avait ouvert une brèche dans mon esprit, qui s'élargissait à chaque mauvaise expérience. Ne plus être amie avec Léanne : check. Ne plus distribuer mes feuilles de Canson à des personnes qui ne le méritaient pas : check. Trouver enfin une amie fiable ? Cette case ne sera cochée qu'à la fin de ma scolarité, après avoir obtenu mon bac.

VOUS N'ÊTES PAS SEUL(E)

Tout le monde n'a pas le même niveau de *social skills*

Il y a une chose que j'ai pu remarquer, c'est que tout le monde n'a pas les mêmes compétences sociales. Ces compétences englobent tout ce qui concerne la communication verbale et non verbale (c'est-à-dire la parole, les gestes, les expressions faciales et le langage corporel, mais aussi les codes sociaux, les comportements, la capacité à créer une connexion personnelle…). Nous les utilisons pour communiquer quotidiennement avec les autres. Contrairement aux matières scolaires, elles ne sont généralement pas enseignées de manière formelle. On pourrait s'attendre à les assimiler dès l'enfance, grâce à nos interactions avec nos parents, mais il est pertinent de se demander si nos propres parents, et leurs parents avant eux, maîtrisaient vraiment ces compétences… Elles sont aussi supposées s'enrichir de nos expériences au fil du temps, mais leur compréhension et l'assimilation de leurs codes peuvent être compliquées selon notre caractère et notre environnement social. En réalité, il est rare que l'on nous donne un manuel d'instruction pour naviguer au sein de toutes les subtilités des interactions humaines. Bien évidemment, tout le monde connaît certaines règles sociales, comme être poli, savoir se tenir et énoncer les choses de façon respectueuse, mais ces habitudes-là ne nous aident pas forcément à interagir en profondeur avec les autres. On a l'habitude de considérer que c'est une aptitude innée chez l'être humain, toutefois il y a un profond fossé entre parler avec quelqu'un et communiquer. Tout le monde peut parler, tout le monde peut dire que le ciel est bleu et que le soleil brille, mais est-ce que tout le monde peut communiquer, au sens strict, avec les autres ? C'est-à-dire comprendre et se faire comprendre, prendre sa place et laisser de l'espace à l'autre, instaurer un lien et une intimité. Au collège, il y avait cette fille que j'ai toujours admirée. Elle rayonnait d'amabilité envers les autres. Elle savait communiquer ses besoins et désirs de manière claire et efficace, et elle pouvait également naviguer naturellement dans des situations délicates. Ses parents lui avaient enseigné cet art, elle savait poser ses limites et exprimer ses pensées du haut de ses onze ans. Grâce à ses capacités, elle avait une facilité à sociabiliser, à se lier aux autres enfants de son âge, à créer des amitiés durables et authentiques. Ses compétences sociales précoces lui offraient la possibilité, non seulement de tisser des relations positives, mais aussi de développer une confiance en elle-même dès son plus jeune âge. Ce niveau d'aisance n'est pas donné à tout le monde, et il est encore plus difficile à atteindre pour les personnes qui souffrent d'anxiété sociale, comme moi, ou de timidité. Une personne timide peut ne pas être en confiance par rapport à son environnement ou à elle-même, ce qui va l'empêcher de s'exprimer ou d'agir comme elle le souhaite. Tandis qu'une personne qui souffre d'anxiété sociale, avec la peur extrême de l'humiliation et du rejet qui la caractérisent, est entravée par la crainte du regard des autres et des moqueries. Nous vivons dans une société dans laquelle le silence est absent et inconfortable, il doit être comblé. C'est pourquoi ces personnes sont souvent incomprises, accusées d'être « froides », « arrogantes », « bizarres » ou je ne sais quoi. C'est la double peine : quand on est introverti, on a du mal à sociabiliser, et en plus, les autres - qui, eux, sont plus à l'aise avec les relations sociales et pourraient faire le pas dans notre direction - nous mettent à l'écart, intensifiant encore la difficulté. Il est donc important de reconnaître et de célébrer chaque petit pas vers une interaction réussie, car ce sont des choses qui s'apprennent.

L'enjeu social et amical est encore plus grand quand vous êtes différent

Toujours est-il que la timidité et l'anxiété ne sont pas les seules causes de la difficulté à se socialiser. Être différent physiquement, intellectuellement, culturellement, émotionnellement ou dans son comportement ou ses goûts peut compliquer l'intégration et même nous placer dans une situation de rejet. Le monde est cruel, et la douleur que l'on a éprouvée à se sentir différent est légitime. « Rentrer dans une case et ressembler aux autres le plus possible est l'une des seules façons de me faire accepter », voilà à quoi ressemblait ma croyance à cette époque-là. Je pensais que le cœur du problème était mes particularités. Cette conception a causé un profond manque d'estime personnelle, de confiance en moi et d'amour pour moi-même. L'enjeu de l'amitié se transforme en insécurité, et on commence à croire que l'on n'est pas assez bien pour les autres.

Notre culture commune valorise l'acceptation venant d'un groupe plutôt que l'acceptation de soi. Nous basons notre estime de nous-mêmes sur notre niveau de correspondance à ce que la société nous dit d'être. Ceux qui sont différents sont considérés comme des anomalies susceptibles de remettre en question et de faire s'effondrer le groupe. Lorsque j'y repense, j'ai un chagrin immense pour la jeune fille que j'étais. Me sentir indigne de l'amitié des autres était une fausse croyance, et il fallait que je change ça.

ÇA VA ALLER !

Vous ne devez plus douter de votre valeur

Ces commentaires malveillants dans les couloirs du collège (et même plus tard dans la vie professionnelle ou personnelle) n'ont jamais été acceptables. Malheureusement, il arrive que ces vieilles histoires douloureuses se jouent encore et encore dans notre esprit et dans notre vie. Pour s'évader de ce cercle infernal, remettre ces histoires à leur place, à savoir celles d'éléments insignifiants dans la définition de notre valeur, est une première étape importante. La deuxième est de créer de nouvelles histoires qui correspondent mieux à la personne que nous sommes réellement. Notre véritable valeur se trouve en nous et dans notre regard, pas dans celui des autres. Consacrer notre temps et notre énergie à changer nos perceptions plutôt qu'à tenter de rentrer dans ces cases sera libérateur. Notre parcours et notre façon d'être sont différents de ceux des autres, et nous n'avons pas besoin de nous juger selon les normes sociales. Et puis comment ouvrir notre cœur aux autres si nous ne l'avons pas fait envers nous-mêmes ?

Apprenez à pratiquer l'acceptation de soi

S'accepter demande du temps et de la patience. Cela consiste à se protéger, à s'estimer et à être bienveillant avec soi-même, même les jours où nous avons du mal à le faire.

Acceptez ce qui vous rend unique

Un bon point de départ est de penser aux choses qui vous rendent spécial. Que ce soit au niveau de votre physique, de vos traits de personnalité ou de caractère, de votre façon de penser ou des choses qui vous passionnent... Demandez-vous comment ces différences ajoutent de la valeur à votre vie. Être différent n'a jamais été et ne sera jamais synonyme d'être médiocre ou insignifiant, c'est là que nous faisons tous fausse route. Essayez d'embellir vos différences à travers votre vocabulaire. Par exemple moi, depuis toute petite, j'avais toujours eu honte de ma couleur de peau à cause des moqueries ; aujourd'hui je considère ma peau dorée comme un café macchiato qui brille pendant l'hiver. La clé se trouve dans la perception que nous avons de nous-mêmes.

Lâchez prise sur les choses que vous ne pouvez pas contrôler ou changer

Il y a des choses qu'on peut changer et d'autres pas. Et la première chose que vous n'arriverez jamais à changer, c'est ce que les autres pensent de vous ou comment ils se comportent. Ce que vous pouvez contrôler ou changer en revanche, ce sont vos réactions face à ces personnes. Il est important de laisser tomber les choses que vous ne pouvez pas modifier. C'est plus facile à dire qu'à faire, surtout quand notre cerveau ne pense qu'à ça. Vous trouverez peut-être utile de faire un schéma : faites un cercle et notez à l'extérieur toutes les choses que vous ne pouvez pas changer, par exemple votre taille, votre couleur de peau, votre origine ethnique, votre passé familial, mais également votre sensibilité émotionnelle et certains de vos traits de caractère. Il est vrai que, parfois, nous pouvons ressentir la tentation de changer des aspects de nous-mêmes pour correspondre aux normes sociales ou pour plaire aux autres. Cependant, il est important de se rappeler que le but de l'exercice n'est pas de nous transformer pour répondre à des attentes externes. Par exemple, vous pourriez être tentée d'acheter des produits éclaircissants pour la peau pour correspondre à un idéal de beauté préconçu. Mais il est crucial de se rappeler que notre valeur ne dépend pas de notre apparence externe, et que la véritable beauté réside dans notre individualité et notre authenticité. Ensuite, à l'intérieur du cercle, écrivez les choses que vous aimez chez vous, les choses sur lesquelles vous avez le pouvoir d'agir. Cela peut être : vos talents et vos compétences uniques, les aspects de votre personnalité que vous appréciez, comme votre gentillesse, votre créativité, mais également ce que vous appréciez dans votre physique, comme votre sourire, vos yeux, votre posture, etc. Se concentrer sur le développement personnel et le bien-être émotionnel est bien plus bénéfique que chercher à modifier des aspects de nous-mêmes pour répondre à des normes superficielles imposées par la société.

Dites stop aux pensées négatives

Pour pouvoir s'accepter, il est important de reconnaître que notre discours intérieur affecte énormément notre confiance en nous. Lorsque vous êtes coincé dans un cycle de pensées négatives, il faut apprendre à changer de perspective. Il faut changer son « Je n'arriverai jamais à me faire des amis » en « Je fais toujours de mon mieux ; tout ce que je dois faire, c'est essayer ».

Vous saurez développer vos *social skills*

Développer ces aptitudes va vous permettre de devenir une personne beaucoup plus à l'aise dans les situations où vous avez jusqu'à présent eu envie de vous enfuir. Il faut préciser qu'avoir de bonnes compétences sociales ne va pas changer la personne que vous êtes, vous n'allez pas devenir une personne extravertie si votre caractère est à l'opposé. Chacun a son approche, il vous suffit de trouver celle qui vous convient, de trouver votre propre façon de sociabiliser et de créer une connexion avec l'autre. Les quelques principes de base suivants pourront vous aider sur le long terme afin d'être plus en confiance, décontracté et serein lorsque vous souhaiterez vous faire de nouveaux amis.

Se mettre à la place des autres

La première étape, c'est de ne pas prendre les choses personnellement. Si une personne ne souhaite pas échanger avec vous, cela n'est pas forcément lié à ce que vous êtes. Les raisons pour lesquelles quelqu'un peut ne pas souhaiter échanger peuvent être variées et liées à ses propres préoccupations, son humeur, ses expériences passées, ou même à des facteurs externes qui lui sont propres. En comprenant que les actions et les choix des autres sont souvent le reflet de leur propre vécu, on peut éviter de se sentir rejeté ou offensé. Cette prise de conscience permet de maintenir une vision des choses équilibrée et de ne pas laisser les interactions sociales affecter négativement notre estime de nous-mêmes. En fin de compte, nous ne pouvons pas contrôler la réaction des autres mais nous pouvons choisir comment nous interprétons leur comportement et comment nous réagissons dans certaines situations.

Commencer *step by step*

Ce sont des choses qui s'apprennent doucement et étape par étape. Et pour faire ça, vous pouvez commencer par engager des petites conversations avec des personnes avec lesquelles vous interagissez quotidiennement. Vous n'êtes pas obligé d'aller en profondeur. Vous pouvez demander à votre collègue comment se passe sa journée, répondre par une réplique plus creusée que « oui » ou « non », ou même prolonger vos conversations avec des proches ou des membres de votre famille avec qui vous ne parlez pas souvent. Une approche efficace consiste également à utiliser le langage non verbal pour établir une connexion avec l'autre personne. Par exemple, sourire chaque fois que vous croisez son regard ou échanger des regards complices peut créer une atmosphère chaleureuse et accueillante. Ces signaux non verbaux envoient des messages positifs et ouverts. En utilisant ces petites actions, vous pouvez progressivement ouvrir la voie à des interactions agréables.

LE *SMALL TALK* EST-IL SI INSIGNIFIANT ?

J'entends énormément de personnes autour de moi dire « je n'aime pas les small talks*, je préfère avoir des conversations plus profondes, sinon je m'ennuie ». Et pour être honnête, j'ai longtemps pensé ainsi. Je pensais aussi que les* small talks *n'avaient aucun bénéfice et que la relation ne décollerait pas tant qu'on ne passerait pas le cap de ces conversations « futiles ». Pourtant, ces petits échanges cachent énormément d'atouts. Le* small talk *se définit comme « une conversation sur des choses qui ne sont pas importantes, souvent entre des personnes qui ne se connaissent pas bien ». Vous n'avez pas besoin d'avoir des conversations profondes et philosophiques pour vous faire des amis ou vous connecter avec quelqu'un. Les informations que notre cerveau traite le plus sont les informations non verbales, ce n'est pas le contenu de la communication qui est important pour lui mais tout le reste, par exemple, le ton, le langage corporel, la vitesse de parole, l'humeur, l'émotion, etc. Les* small talks *nous aident à surmonter l'inconfort des événements sociaux et apportent de la spontanéité. Ils nous permettent de trouver des points communs et un terrain d'entente, et posent des bases pour se diriger vers des sujets plus sérieux et plus profonds. C'est en faisant place aux petites choses que les grandes histoires naissent.*

IDÉES DE QUESTIONS SIMPLES PENDANT UNE CONVERSATION :

- Quelles sont les dernières choses excitantes que tu as faites ces derniers temps ?
- Tu as lu de bons livres/vu de bons films dernièrement ?
- Quel est ton endroit préféré dans cette ville ?
- As-tu voyagé récemment ? Si oui, où es-tu allé ?
- Qu'est-ce que tu fais pendant tes moments de temps libre ?
- Qu'est ce que tu fais dans la vie ?
- As-tu des recommandations pour de bons restaurants ou cafés dans la région ?

Poser des questions ouvertes

Il y a des personnes qui apprécient que vous portiez de l'intérêt à leur opinion sur un sujet quelconque. Et pour ça les questions ouvertes seront vos meilleures alliées. Elles permettent de débuter des conversations mais sont également un bénéfice pour vous car elles vont feront accéder à une meilleure compréhension des autres. Elles ont un impact assez positif lorsque vous essayez de vous faire des amis, elles permettent à la personne en face de vous de se sentir écoutée et valorisée par vous.

Exemple de questions ouvertes :
« Que penses-tu de cela ? »
« Comment te sens-tu par rapport à... ? »
« Pourquoi ? »

Prendre exemple sur les autres

Ma façon préférée d'améliorer mes compétences sociales a toujours été de m'inspirer des autres. J'ai toujours admiré la façon de s'exprimer de l'actrice Emma Watson ou de mon amie au collège : j'essaye donc de m'inspirer de leur façon de communiquer. Et, comme je l'ai dit plus haut, cela ne passe pas seulement par la parole, cela se fait également à travers le langage corporel comme la façon de se tenir, de sourire, ou même dans le regard. J'essaye également de prendre en considération le vocabulaire que certaines personnes utilisent pour engager ou poursuivre une conversation. Parlent-elles avec un langage plutôt familier ? Soutenu ? Je vais m'adapter à elles, afin que nous soyons tous les deux à l'aise. Vous pouvez donc utiliser votre sens de l'observation et votre écoute afin de développer vos propres aptitudes sociales.

Faire des compliments et être poli

J'ai longtemps pensé que faire des compliments pouvait passer pour de l'hypocrisie. Mais aujourd'hui, je trouve triste que ce soit devenu si tabou. Parce que ça fait vraiment plaisir d'en recevoir et que ça crée du lien. J'ai donc appris, avec le temps, à développer mes compliments et à les distribuer de plus en plus autour de moi. Je complimente les personnes qui travaillent dur pour réussir dans leurs projets, celles qui sont passionnées, celles dont les compétences ou les connaissances sont impressionnantes... Je n'oublie pas non plus d'être une personne polie. Ce sont les fondements mêmes de la socialisation. Il s'agit d'un code social qui établit une base de communication, et l'important pour que cela ne soit pas qu'une formule est d'y mettre une véritable intention.

Apprendre à être à l'écoute

Dans une société où il faut constamment combler le silence par nos mots, il est également important de savoir se taire et être à l'écoute des autres. Pour bien écouter quelqu'un, il faut améliorer son langage corporel, par exemple établir un contact visuel, hocher la tête pour montrer que vous suivez, et ne pas hésiter à demander ou poser des questions lorsque vous n'avez pas compris ou entendu un point. Faites face à la personne avec qui vous parlez. Faites également attention au ton de votre voix. Il s'agit de montrer que vous êtes présent et attentif. En faisant ainsi, vous permettez aux autres de se sentir considérés.

N'hésitez pas également à interroger la personne sur ses émotions par rapport à la situation dont elle est en train de vous parler : elle a certainement besoin de se confier et appréciera cette attention. Cela crée de l'intimité et un lien de connivence. Vous n'avez pas à trouver de conseil ou de solution, juste de permettre à l'autre de livrer tout ce qu'il a sur le cœur.

Avoir une bonne culture

Il y a plein de conversations qui commencent par des actualités ou par de simples faits culturels. Discuter des tendances, des événements et sujets actuels peut permettre de trouver des points communs avec l'autre personne, vous avez sûrement déjà lu le même livre, vous partagez la même opinion ou les mêmes ressentis sur un sujet ou alors vous êtes intéressé par ce que l'autre personne a à dire sur un film que vous souhaitez aller voir.

Observer avant d'agir

Avant de parler avec quelqu'un, j'observe toujours comment est cette personne afin de savoir si je pourrais devenir amie avec elle. Je l'écoute lorsqu'elle converse avec quelqu'un d'autre, je fais attention à sa façon de se tenir. Comme je suis quelqu'un d'assez réservé, j'ai besoin de savoir à l'avance ce genre de choses. Et si vous êtes comme moi, il vous suffit de prendre en compte des détails : est-ce que sa façon de parler aux autres vous plaît ? Est-elle à l'écoute des autres ? Est-ce que son énergie matche avec la vôtre ? Attention, il arrive très souvent que, une fois que vous la connaîtrez mieux, cette personne se révèle totalement différente de ce que vous aurez observé. Le mieux est donc toujours de discuter avant de se forger une opinion définitive.

Briser la glace avec une histoire

La technique consistant à briser la glace en partageant une anecdote personnelle est un moyen efficace et naturel d'entamer une conversation. En choisissant une anecdote pertinente et captivante, vous créez un point d'entrée intéressant pour engager la discussion. En partageant votre expérience, vous invitez aussi les autres à réagir et à parler d'un vécu similaire, favorisant ainsi un échange dynamique. Utilisez cette anecdote comme point de départ pour explorer d'autres sujets de conversation et établir les premiers liens sociaux avec vos interlocuteurs, tout en montrant votre côté authentique et en permettant aux autres de mieux vous connaître.

Les difficultés, ça existe et c'est OK !

Pour finir, il est totalement normal de ne pas toujours vivre de bonnes expériences sociales. Il nous arrive à tous de dire quelque chose qui est suivi d'un silence ou alors de ne pas savoir quoi faire pour engager une conversation. Les blancs dans une discussion, ce n'est pas la fin du monde. Plutôt que de ressentir une gêne ou une pression pour remplir chaque moment de parole, il est important de reconnaître que les silences sont naturels et ne doivent pas nécessairement être perçus comme négatifs. En adoptant une attitude détendue vis-à-vis des silences, vous pouvez aider à diminuer toute tension potentielle dans la conversation et encourager une communication plus fluide et naturelle. Si un silence survient, plutôt que de le percevoir comme un échec ou une rupture de la conversation, vous pouvez le voir comme une opportunité de respirer, de réfléchir ou de laisser à l'autre personne le temps de formuler sa réponse. Rappelez-vous que ces mauvaises expériences ne définissent pas la personne que vous êtes. Et c'est tout simplement en vivant des moments comme ceux-là que vous pourrez apprendre à cultiver et retravailler vos aptitudes. On apprend toujours de nos erreurs.

Chapitre 3

ACCEPTER LE COUP DE FOUDRE AMICAL

Quand on est tellement fasciné
qu'on a l'impression d'être insensé

Le 9 septembre 2019, je rentrais à la fac. J'avais une énorme boule au ventre. Je n'y avais pas d'amis, et j'avais du mal à me lier aux gens. Tout ce que je savais, c'était que je souhaitais partir sur de bonnes bases. C'était comme si une nouvelle saison de ma vie était en train de commencer, j'allais débloquer de nouveaux personnages, de nouvelles aventures et également de nouvelles sensations.

En arrivant devant ma salle de cours, je m'étais mise dans un coin. Le couloir était long et avait une apparence pauvre. De là où je me trouvais, j'avais une vue sur tout le monde. Et c'est à ce moment-là que je l'avais aperçue pour la toute première fois. Une étrange sensation m'avait enveloppée, qu'aujourd'hui encore je ne saurais pas expliquer. Elle portait une jupe en jean, un haut en coton noir et avait l'air aussi agitée que moi. Elle semblait perdue et tenait dans ses mains une lettre. J'avais essayé de lire ce qui était écrit dessus. J'avais réussi à repérer l'emblème officiel du Luxembourg. Sûrement une étudiante en échange universitaire qui allait rester six mois, maximum. Au début, j'avais pensé à laisser tomber, ça ne servait à rien de s'attacher à quelqu'un qui finirait par partir au bout de quelques mois… Mais un élan inhabituel me soulevait, et ma petite voix m'imposait de devenir son amie. Pendant toute la journée, j'avais fait mon possible pour m'asseoir à côté d'elle en cours. Mon intuition était en alerte, et je m'efforçais de trouver des sujets - ils se révélaient tous plus absurdes et malavisés les uns que les autres - pour communiquer avec elle, par exemple lui demander si elle avait une règle à me prêter. Cette situation était si ridicule, ça ne m'était jamais arrivé auparavant. J'étais complètement envoûtée, emplie de l'envie de devenir son amie. Je ne me reconnaissais plus, je me sentais tout excitée. Était-ce normal de ressentir tout ce que je ressentais vis-à-vis de cette fille à laquelle je n'avais même pas encore adressé la parole ?

J'avais encore une fois réussi à m'asseoir à ses côtés au dernier cours de la journée. La chaleur dans la salle était suffocante. Avant de commencer sa leçon, la professeure nous a demandé de nous présenter. Me présenter ? Devant toute la classe ? Paniquée, j'avais laissé échapper mes écouteurs des mains. La fascinante inconnue les a ramassés en m'adressant un sourire plein de chaleur et de complicité. En lui rendant son sourire, j'ai senti toute mon anxiété s'envoler. Quand on m'avait désignée pour commencer le tour de présentation de notre rangée alors que je n'étais pas préparée et que, mal à l'aise, ne sachant pas quoi dire, j'avais bégayé, ma future amie était venue à ma rescousse en se présentant à ma place. Je l'avais regardée tout le long. Elle s'appelait Sabrina, elle avait dix-neuf ans comme moi et elle semblait être la réponse à toutes les questions que je me posais sur l'amitié. Ce désir profond et platonique que je ressentais pour elle s'était amplifié. J'avais éperdument envie de devenir son amie.

On nous dit souvent que, dans la vie, il y a des imprévus et des coïncidences, mais cette rencontre n'était pas un hasard. Avec un seul regard, tout s'était illuminé. Elle incarnait la paix que je recherchais depuis si longtemps. Et même si j'agissais de manière totalement irrationnelle, réussir à lui adresser quelques mots simples a été la décision la plus réfléchie, intentionnelle et raisonnée que j'ai pu prendre dans ma vie. Ce n'était pas tous les jours que je prenais mon courage à deux mains pour me rapprocher de quelqu'un. Et aujourd'hui, j'ai la chance d'appeler Sabrina : ma meilleure amie. Comme le dirait Montaigne : « Si on me presse de dire pourquoi je l'aimais, je sens que cela ne se peut exprimer qu'en répondant : "Parce que c'était [elle], parce que c'était moi." » Un vrai coup de foudre.

VOUS N'ÊTES PAS SEUL(E)

Oui, on ressent de l'attirance en amitié !

J'ai toujours pensé que les coups de foudre n'existaient que dans les films et étaient uniquement romantiques. Et c'est après plusieurs mois de réflexion que j'ai pu mettre ce mot sur ce que j'avais ressenti lorsque j'avais rencontré Sabrina. Tout comme en amour, ce sont des ressentis et des symptômes qui ne se contrôlent pas et sont tout aussi intenses et immédiats. On ressent une attraction, voire une attirance amoureuse, sans l'engouement charnel. J'ai été immédiatement captée et fascinée par Sabrina. Si une personne nous marque dès le début, c'est qu'il y a quelque chose qui nous plaît chez elle, physiquement et dans sa façon d'être, quelque chose qu'on ne retrouvera pas chez une autre personne. Ça peut être qu'on la trouve belle, ça peut être sa façon de parler, de se tenir, sa façon de sourire aux gens, son style, ses goûts ou alors vos points communs, mais parfois même cette « chose » peut ne pas avoir d'explication. Je n'avais strictement aucune interprétation quant à mon attirance pour Sabrina, je savais juste que je voulais devenir son amie. Qu'est-ce que le coup de foudre en amitié ? C'est le désir intense de devenir proche de la personne aussitôt après l'avoir rencontrée, c'est l'admirer du coin de l'œil et s'imaginer créer un lien avec elle. On est ébloui, fasciné, irrémédiablement attiré par l'autre. Bref, on ressent une sorte de désir pour l'autre !

Il y a ce sentiment d'évidence, comme si le cœur avait ses raisons que la raison ignore

Avez-vous déjà rencontré quelqu'un et avez immédiatement su que c'était une personne dont vous aviez besoin dans votre vie ? Avec Sabrina, c'était ça. Dans ce coup de foudre, il y a l'idée que l'on a distingué l'autre parmi tous, que c'est l'élu de notre cœur, sans plus d'explication que ça ! C'est immédiat et d'une puissance émotionnelle incroyable. C'est le propre du coup de foudre, qui se produit parce que, de manière inconsciente, cette personne réveille tout un tas de perceptions et de souvenirs positifs. L'émotion semble naître instantanément, mais en fait notre esprit a perçu en une fraction de seconde un ensemble d'éléments qui nous plaisent.

Si le sentiment est si dingue, c'est que l'autre représente notre idéal

Sabrina avait les cheveux longs, du style et une façon de s'exprimer qui captivait mon admiration... Sans que je me l'avoue explicitement, elle représentait ce que j'aspirais à devenir. Je pense que ce type d'attachement amical se forme envers des personnes qui incarnent notre idéal. En amour, l'adage « les opposés s'attirent » est souvent évoqué, mais il semble également s'appliquer à l'amitié : nous sommes attirés par ce que nous ne possédons pas mais que nous souhaiterions avoir. L'autre détient cette qualité exceptionnelle que nous envions, c'est pourquoi nous l'admirons et l'idéalisons.

VOUS AVEZ DIT « DÉSIR » ?

La frontière entre amitié et amour peut parfois sembler floue, surtout lorsque l'on ressent des sentiments intenses pour une personne. Ces sentiments peuvent se manifester à travers une attirance irrépressible, une envie incontrôlée de se rapprocher de l'autre, sans que cela soit nécessairement de l'ordre du désir charnel. Cependant, il est également important de reconnaître que parfois, des sentiments d'attirance sexuelle peuvent se mêler à ces émotions, même s'ils restent refoulés ou non exprimés. Les relations humaines peuvent être complexes, et il n'est pas rare que des amitiés évoluent vers des territoires émotionnels différents au fil du temps. Si vous vous interrogez sur la nature de vos sentiments envers un ami, prenez le temps de réfléchir à ce que vous ressentez et envisagez d'avoir une conversation ouverte et honnête avec cette personne. Certaines histoires d'amour naissent aussi parfois de belles amitiés.

TOUT VA BIEN !

Vous n'êtes pas insensé

Inespéré et déroutant, ce coup de foudre pourra vous faire perdre tous vos moyens. Peu importe à quel point vous êtes une personne mesurée, discrète ou réservée, vous allez être subjuguée par cette intensité, et ça peut faire peur. Dans mon cas, je me trouvais insensée et je ne me reconnaissais plus. Je me demandais même si mes émotions ne me jouaient pas des tours, parce que c'est tabou d'avoir un coup de foudre amical plutôt qu'amoureux. La nécessité la plus essentielle sera de nous rassurer et de ne pas nous juger. Condamner nos réactions ne les fera pas taire, elles s'exprimeront sûrement par d'autres émotions ou pensées (honte, frustration, colère...). Il n'y a rien de mal à éprouver ces affections purement platoniques qui sont à la fois riches et intimes. Vous ne connaissez pas cette personne, ça vous semble ridicule ou fou ? Peu importe, car ce qui compte, c'est que vous êtes tout simplement en train de vivre un saisissement qui va sûrement changer une partie de votre vie. C'est un bouleversement, c'est intimidant. C'est normal de se sentir vulnérable dans le processus, mais je sais par expérience que la vulnérabilité associée au changement en vaut vraiment la peine. Cela n'a pas toujours besoin de faire sens, vous ne devez pas laisser votre confusion vous retenir : faites le premier pas, tout le reste se déroulera naturellement. Ce qui m'a fait comprendre que mon coup de foudre amical était légitime, normal et naturel, c'était que mes sentiments envers cette personne n'avaient strictement rien d'inconfortable ou de malsain. Mes émotions étaient pures et sincères, elles étaient authentiques et je n'avais aucune mauvaise intention envers elle, alors pourquoi les retenir ? Tout ce que je souhaitais c'était devenir son amie et partager mon quotidien avec elle. On le sait tous, les coups de foudre n'arrivent pas souvent. Cette aventure ne sera pas un risque, mais une possibilité de vivre une belle histoire d'amour platonique.

Vous saurez faire les bons gestes

Aucune règle n'existe quand il s'agit d'un coup de foudre, qu'il soit romantique ou amical, le mode d'emploi n'existe pas. Car, bien évidemment, plus rien ne fait sens, vous êtes tout simplement enivré par vos ressentis. Mais un guide de « quoi faire » après la survenue de cet ébranlement peut être le bienvenu.

Reconnaître les premiers signes pour dédramatiser

Les symptômes d'un coup de foudre peuvent être assez évidents. Le seul problème, c'est que, lorsqu'on vit ces ressentis pour la toute première fois, on n'en connaît pas la raison. Ça peut être troublant et obsédant. À ce moment-là, on se demande toujours ce qui nous arrive et pourquoi on réagit de la sorte. Notre corps est toujours le premier à savoir que nous venons de vivre un coup de foudre : augmentation du rythme cardiaque, papillons dans le ventre, nervosité et excitation... Et dans la tête c'est l'éblouissement. Il faut toujours quelques secondes ou même minutes pour prendre conscience que ce que l'on vient de vivre est un coup de foudre. Alors, si c'est ce que vous êtes en train de vivre, sachez que c'est normal et ce sera juste sensationnel. Ce sont des moments que l'on n'oublie pas, on se souvient toujours des moindres détails, des images, des sons, des couleurs, des odeurs et des ressentis. C'est un des moments les plus forts de notre vie.

Faire le premier pas

Est-ce qu'on doit se diriger tout droit vers la personne et lui faire notre déclaration ? De mon côté, j'étais absolument terrifiée, pourtant j'étais prête à faire le premier pas, quitte à me ridiculiser. Aujourd'hui, je vois les choses différemment. Tout d'abord : pourquoi avais-je peur ? C'était la peur du rejet et de l'absence de réciprocité. Cela vient d'un manque de confiance en soi. Et si vous laissiez l'autre décider s'il vous apprécie au lieu de partir perdant ? Ensuite, cela dépend de votre approche et de la façon dont elle va être reçue. Il faut se rappeler que chaque personne gère les choses à sa façon. Par exemple, si quelqu'un m'abordait comme ça, directement, je serais probablement flattée, mais ce n'est pas le cas de tout le monde. Le plus simple serait d'observer attentivement la situation avant de vous engager. Observer l'autre, c'est observer sa façon d'être pour rebondir et ouvrir la conversation. Quel type de personnalité a cette personne ? Est-ce qu'elle serait du genre à apprécier des avances directes en matière d'amitié ou est-ce que ça pourrait l'effrayer ? Si vous vous sentez toujours assez inconfortable pour faire le premier pas, vous pouvez procéder plus discrètement, en utilisant votre langage corporel (voir chapitre 2). Vous pouvez aussi ajouter la personne en ami sur les réseaux sociaux, interagir avec elle lorsque vous êtes à plusieurs, répondre à ses propos lorsqu'elle parle, jusqu'à ce que le lien se noue. Sinon, vous pouvez essayer de la kidnapper et de l'enfermer chez vous (non je rigole). Dans tous les cas, ne doutez pas de vous. Rappelez-vous que chaque amitié commence quelque part.

Proposer un premier *date*

Inviter votre nouvel(le) ami(e) à passer du temps ensemble en dehors de votre *meet-up* habituel montre l'intérêt que vous portez à cette relation et surtout à cette personne. Choisissez un endroit que vous allez tous les deux apprécier et où vous serez tous les deux à l'aise. Les rendez-vous pourraient consolider votre relation, vous permettre de vous rapprocher et surtout créer un lien et des souvenirs ensemble.

Ne pas forcer les choses

On a tendance à n'avoir aucune patience lorsqu'on souhaite quelque chose. Et ceci est le plus gros danger dans les débuts de tout type de relations, y compris les amitiés. Si vous avez la sensation de forcer les conversations avec la personne ou d'être toujours celui ou celle qui propose des sorties afin de faire des activités ensemble, il est possible qu'elle ne partage pas les mêmes sentiments que vous ou alors qu'elle n'en soit pas au même niveau d'intensité émotionnelle/sentimentale que vous ; dans ce cas, il faut respecter son rythme, et c'est OK. Un coup de foudre ne se transforme pas toujours en longue et merveilleuse amitié, même si c'est souvent le cas (votre cerveau perçoit souvent de manière fine et juste). Prenez un peu de temps pour vous en remettre et restez ouvert à d'autres opportunités de rencontre.

Ne pas idolâtrer

Il faut faire extrêmement attention à la différence entre admirer quelqu'un et l'idolâtrer. Il est normal d'apprécier quelqu'un pour sa façon d'être, sa façon de s'habiller ou de réfléchir, mais lorsque votre vision de cette personne se transforme en quelque chose de plus abstrait, lorsque vous en venez à changer votre personnalité, cela peut être le signe que vous commencez à la placer sur un piédestal. Comme en amour, il faut se rappeler que, malgré nos sentiments intenses, ces personnes restent des humains et qu'il leur arrivera de ne pas répondre entièrement à vos attentes. D'où l'importance de garder sa limite et surtout de se rappeler sa valeur. Parce que, oui, lorsqu'on place une personne trop haut sur l'échelle de l'estime, on se place soi-même en dessous, ce qui n'est absolument pas une façon saine de commencer une relation. N'idéalisez pas vos coups de foudre pour éviter toute déception et toute fréquentation malsaine.

Chapitre 4

NAVIGUER DANS UNE RELATION AMI-ENNEMI

Quand les sentiments sont complexes et ambigus

En amitié, la relation à l'autre n'est pas toujours un long fleuve tranquille. Une de mes amies, Jade, m'a rapporté une histoire qui illustre bien ce rapport complexe que l'on peut avoir à l'autre dans la durée.

Il fut un temps où l'amitié entre Jade et son amie Anna était une évidence. Lors de leurs années de collège, leur relation n'était que complicité, rires et confidences. Leurs personnalités opposées se complétaient bien et créaient un lien qu'elles seules pouvaient comprendre : Jade était plutôt réservée et aimait rester dans sa zone de confort ; Anna était la fille ouverte à l'aventure. Bien que très différentes, leur amour l'une pour l'autre était identique.

Mais, à l'entrée au lycée, un événement a perturbé cette harmonie parfaite : Anna a dû déménager dans une autre ville. Jade m'a expliqué avoir ressenti une tristesse immense à l'idée d'être séparée de son amie, mais Anna l'a rassurée en lui expliquant que le fait de ne plus se voir tous les jours ne modifiait en rien leur lien unique. Puis, petit à petit, Anna s'est construit un nouveau cercle d'amis. Jade a commencé à ressentir une pointe de jalousie : elle avait l'impression qu'Anna refaisait rapidement sa vie quand elle-même avait du mal à se remettre de son départ. Mais elle décida de ne pas partager ce sentiment avec sa meilleure amie pour ne pas l'inquiéter.

Au fil de l'année, Anna se rapprocha de l'un des garçons de son groupe, Killian. Son comportement commença alors à changer : elle ne répondait plus systématiquement au téléphone quand Jade l'appelait, partageait moins de messages quotidiens… Jade m'a rapporté que cela lui brisa le cœur. Elle avait le sentiment que son histoire d'amitié avec Anna, construite au fil des années, s'évanouissait sous ses yeux. Puis la tristesse laissa place à la colère : Anna lui avait menti, elle ne l'avait pas gardée au cœur de sa vie.

Jade décida alors de cesser toute communication pour se venger. Lorsqu'Anna essayait de l'appeler, elle ne décrochait plus. Son amie lui laissa plusieurs messages sans réponses. Au bout de quelques jours, elle reçut un nouveau message d'Anna : « Jade, ma chérie, que se passe-t-il ? Je n'arrive pas à te joindre et je m'inquiète. Tu me manques ! Est-ce que tu veux bien qu'on s'appelle pour s'expliquer ? » Jade hésita un peu, puis elle accepta. Une fois en ligne, elle fondit en larmes. Elle expliqua à Anna qu'elle se sentait mise à l'écart depuis que cette dernière avait rencontré ses nouveaux amis. Anne se confondit en excuses. Elle lui expliqua qu'elle s'était mise en couple avec Killian et qu'elle passait beaucoup de temps avec lui, qu'ils étaient très amoureux, mais qu'elle était vraiment désolée d'avoir laissé Jade de côté. Elle proposa à son amie de venir passer quelques jours de vacances chez elle pour rattraper le temps perdu. Jade accepta et fit la connaissance de Killian, qu'elle trouva adorable. Elle m'expliqua que grâce à cette expérience, elle avait compris qu'Anna pouvait avoir assez d'amour pour deux ; être jalouse ne servait à rien. Aujourd'hui, elles sont encore plus proches qu'avant.

VOUS N'ÊTES PAS SEUL(E)

Impossible d'être toujours sur la même longueur d'ondes

Tout comme les relations amoureuses, l'amitié n'est pas dispensée d'avoir des hauts et des bas. Ces fluctuations ne sont pas forcément des raisons de mettre fin au lien qui nous unit ; ce sont plutôt des facettes inévitables de toute relation humaine. Les disputes, qu'elles soient éphémères ou plus persistantes, font partie intégrante de certaines relations amicales. Elles peuvent être provoquées par des changements de vie chez l'autre : une amie qui entre dans une relation amoureuse, un ami qui se lance dans un nouveau travail… Tout cela peut créer chez nous des ajustements nécessaires, mais parfois inconfortables. L'autre peut être moins disponible qu'avant, avoir de nouveaux centres d'intérêt, communiquer différemment… et ces chamboulements peuvent être source de tension. Cela crée un déséquilibre dans la relation et on peut se sentir trahi, rejeté, abandonné ou même jaloux… Mais comment dire à son amie qu'on est jalouse de son nouveau copain parce qu'elle passe plus de temps avec lui ? Qu'on est super heureuse pour son nouveau job, mais qu'on a quand même besoin de la voir ? Qu'on se sent délaissé(e) à cause des nouvelles amitiés qui se forment dans sa vie ? Ces questions ne devraient pas être un sujet de culpabilité ou de honte. Si les événements vous font souffrir, votre douleur est légitime et mérite d'être entendue. La colère, l'anxiété, l'incertitude et la tristesse qui découlent parfois de ces situations valent la peine d'être communiquées à l'autre de façon posée.

On peut avoir des sentiments ambivalents pour une même personne

Nous l'avons vu, les bouleversements dans la vie de l'autre peuvent provoquer un déséquilibre dans la relation. On s'était habitué à un certain type de lien et il faut « revoir sa copie » et s'adapter au manque de disponibilité, au fait qu'on n'est plus une priorité, que l'autre a moins de temps pour nous… Tout cela entraîne généralement des sentiments ambivalents. On peut à la fois l'aimer, l'admirer dans ses démarches et son évolution, vouloir le ou la soutenir, mais aussi lui en vouloir de changer la relation, être triste et déçu de ses réactions, ou encore avoir peur de le ou la perdre. Ces sentiments ambivalents peuvent tout à fait coexister en nous, de façon parfois inconsciente, et nous nous sentons un peu perdus car nous ne savons plus où nous situer. Dans ces moments-là, un travail sur soi s'impose pour essayer de mieux comprendre et mettre des mots sur ce qu'on ressent. On pourra ensuite mieux le communiquer à l'autre et trouver des solutions ensemble.

TOUT VA BIEN !

N'ayez pas honte de vos émotions

Les disputes, la jalousie, l'envie, les oppositions, les agacements, ne signifient pas toujours la fin d'une amitié. Il est normal que les relations amicales, elles aussi, traversent des tempêtes. Pendant longtemps, j'ai eu honte de mes émotions et ressentis (jalousie, colère, frustration...), et ne pas les reconnaître m'a empêchée d'arranger les choses convenablement. Il est crucial de mettre des mots sur ses émotions, de ne pas les refouler. Elles sont signe que l'amitié est importante pour vous et que ces divergences ont un impact émotionnel sur votre vie. Accepter ses émotions est une étape primordiale pour surmonter ensemble les obstacles.

Comment reconnaître et comprendre ses émotions ?

Alors, comment faire pour analyser vos ressentis ? Je vous livre ici quelques conseils qui m'ont personnellement bien servi.

Pratiquez l'auto-observation

Prenez le temps de vous observer. Comment vous sentez-vous lorsque vous pensez à votre amitié ? Quelles pensées et quelles réactions émotionnelles se manifestent en vous ?

Analysez vos pensées

Examinez toutes les pensées en lien avec votre amitié qui vous viennent. Quelles idées ou croyances sous-tendent-elles ?

Par exemple, pensez-vous que votre ami devrait toujours être disponible ? Est-ce légitime ? Vous sentez-vous en compétition avec quelqu'un d'autre dans son entourage ? Essayez d'analyser la situation pour trouver des solutions.

Apprenez à reconnaître les schémas récurrents

Si vous remarquez des schémas émotionnels récurrents (jalousie fréquente, frustrations...), cela peut être révélateur de quelque chose de plus profond. Est-ce une peur de l'abandon ? Une question d'estime de soi ?

Considérez les circonstances extérieures

Toute histoire a lieu dans un contexte précis. Tenez compte des circonstances extérieures qui pourraient influencer vos émotions. Y a-t-il des changements dans votre propre vie ? Est-ce une période particulièrement stressante pour vous ? Certains événements personnels peuvent affecter la manière dont vous percevez et ressentez votre amitié à un temps T et impacter vos réactions. Prenez ces éléments en compte pour mieux estimer la situation.

Acceptez sans juger

Soyez bienveillant(e) envers vous-même. Ressentir des émotions désagréables ne signifie pas que vous êtes une mauvaise personne. Accepter vos sentiments sans jugement est essentiel pour les comprendre, grandir, et faire grandir votre relation par la même occasion.

Mon kit de survie face aux défis amicaux

Après avoir fait ce travail d'introspection, vous voilà prêt(e) à voir dans ces évolutions des opportunités pour faire croître votre amitié et tisser des liens plus forts. Ce travail va vous servir pour faire également évoluer votre positionnement face à l'autre. Voici mes conseils pour aller vers plus de résilience et ainsi, renforcer la relation à long terme entre vous et vos amis.

Soyez ouvert au changement

Vous devez prendre conscience que la vie est dynamique, elle est faite de haut et de bas. Une vie parfaitement linéaire, ça n'existe pas, et l'accepter est une première étape. Les changements, bien qu'initialement déconcertants, sont une part naturelle de l'existence humaine et ils peuvent aussi être source de belles opportunités. Embrassez-les !

Exprimez votre ressenti

Parlez ouvertement avec vos amis de ce que vous ressentez. Une discussion ouverte, même si vous vous y sentez vulnérable, peut aider à clarifier vos comportements et les leurs. Évitez d'accuser, exprimez plutôt vos sentiments et cherchez à comprendre les leurs.

Réajustez vos attentes

Les transitions exigent parfois un réajustement des attentes. Vous devez comprendre que les disponibilités peuvent varier, que les priorités peuvent changer, et que chacun évolue à son rythme.

Adaptez-vous continuellement

Être flexible face aux changements et faire preuve de compréhension envers les défis que chacun peut rencontrer dans sa vie renforcera la solidité de votre l'amitié. L'adaptation aux évolutions de la vie est un processus constant, en amitié comme pour le reste. Être ouvert à d'éventuels ajustements contribue à maintenir une dynamique positive, mais également à trouver des compromis ensemble pour vous sentir mieux.

Valorisez les souvenirs partagés

N'hésitez pas à vous remémorer les bons moments et les épreuves que vous avez surmontées ensemble ; cela va aider à raffermir votre lien, traversé par les doutes et les défis du moment. Rappelez-vous que ces périodes de chamboulement ne remettent en rien en question ce que vous avez vécu par le passé et qu'elles ne doivent pas effacer les précieux souvenirs partagés.

Réaffirmez l'importance de votre amitié

Réaffirmez explicitement à quel point cette amitié est importante dans votre vie et exprimez votre volonté de maintenir le lien malgré les changements. Cela montre votre engagement à toute épreuve dans la relation.

Chapitre 5

SE PRÉSERVER DES AMITIÉS TROP INTENSES (*FAST FRIENDSHIP*)

Quand on s'enflamme au point de se perdre

Rapide, vive, intense et spontanée. Ce sont les mots idéaux pour dépeindre le début de mon amitié avec Morgane. Lorsqu'on se rencontre en février 2021, je suis au début de ma vingtaine et, si je travaille depuis deux ans sur mon anxiété sociale, ma vie se résume surtout à mon emploi dans une boutique haut de gamme pour financer mes études. Mon quotidien est gris, et c'est à ce moment-là de ma vie que Morgane apparaît pour y mettre de la lumière. Elle est embauchée dans la même boutique que moi et nous nous rapprochons tout de suite. À l'époque, j'ai vingt et un ans et elle en a vingt-six, mais je ne sens pas notre différence d'âge. J'ai la certitude que c'est mon deuxième coup de foudre amical car notre lien a été instantané. Dès le début, je la place sur un piédestal et elle devient mon sujet de conversation préféré avec mes proches. Ils n'en peuvent plus de m'entendre dire : « Morgane, Morgane, Morgane » ! On partage tout : je tiens le cintre, elle y fixe le vêtement ; j'encaisse le client, elle lui tend son sac... Avec le recul, je me rends compte que nous étions devenues complètement fusionnelles en juste quelques jours alors que je ne connaissais rien d'elle. J'attendais impatiemment son arrivée le matin, et, le soir, j'essayais de repousser son départ le plus tard possible. Je pensais qu'on était pareilles, que l'on se comprenait. Je pensais qu'elle avait autant d'estime pour moi que j'en avais pour elle. Je pensais qu'entre nous, ce serait à la vie à la mort.

Très vite, Morgane a commencé à se confier à moi et à me raconter tout ce qui n'allait pas dans sa vie. Tous les matins, c'était des confidences sur sa vie privée. J'étais flattée de tenir ce rôle alors qu'on se connaissait à peine et nous sommes vite tombées dans une relation de dépendance l'une vis-à-vis de l'autre. Elle était celle qui allait mal, j'étais celle qui l'écoutait. Chacune avait son rôle. Je ressentais bien une gêne d'avoir une intimité si soudaine avec elle, mais j'étais tellement prise dans le tourbillon de cette relation que je n'étais plus capable de faire la différence entre ce qui était raisonnable et ce qui ne l'était pas. Et je me disais qu'une amitié qui arrivait si rapidement et de façon aussi intense ne pouvait être que positive. Je n'ai pas écouté mon instinct et j'avais tort. J'étais sur le point de le découvrir à mes dépens.

Morgane était une personne assez lunatique. Il lui arrivait de venir à la boutique et, si quelque chose ne se déroulait pas comme elle le souhaitait, elle le faisait payer aux personnes autour d'elle. J'avais jusqu'ici échappé à ses foudres et je pensais être à l'abri de ce genre de réaction étant donné notre relation « spéciale ». Et pourtant, un épisode allait me prouver le contraire. Quelques semaines après notre rencontre, je passais le permis. J'avais caché la date à tous mes proches pour pouvoir le passer sans avoir la pression de tous les regards braqués sur moi. Lorsque je l'ai obtenu, j'étais aux anges de pouvoir l'annoncer - notamment à Morgane. Je pensais que, comme n'importe quelle amie saine, elle se réjouirait pour moi. Mais elle m'a accusée de la plus haute des trahisons parce que je ne l'avais pas mise au courant. Elle s'est emportée contre moi comme si j'étais la pire des menteuses alors que je ne lui devais aucune explication. J'étais très heurtée de sa réaction. Suite à cet épisode, son comportement envers moi a changé. Elle était distante, parfois blessante. C'était comme une douche froide. Je n'arrivais plus à me lever le matin, mon empressement pour aller travailler s'était transformé en mal-être.

Quelque temps plus tard, elle a annoncé sa décision soudaine de démissionner pour rejoindre l'équipe de la boutique en face de la nôtre. En quelques jours, elle était partie. Je l'ai vue se rapprocher des deux garçons qui y travaillaient exactement de la même façon qu'elle s'était rapprochée de moi quelques mois plus tôt. J'ai alors *compris que je n'avais jamais eu la place spéciale que je pensais m'être réservée et que Morgane construisait des liens aussi vite qu'elle les détruisait. Notre relation, éphémère, s'était terminée de façon aussi intense qu'elle avait commencé. Après cela, j'ai décidé de ne plus jamais lui adresser la parole. J'ai mis du temps à m'en remettre mais en la sortant complètement de ma vie, j'ai repris le pouvoir ; je ne voulais plus de ce genre de relation. En seulement quelques mois, j'ai vécu des montagnes russes émotionnelles en passant d'une personne que je voyais tous les jours et avec qui je partageais tout à une inconnue avec qui je n'avais plus d'autre mode de communication que le silence absolu.*

VOUS N'ÊTES PAS SEUL(E)

C'est normal d'être attiré par les amitiés intenses !

Avez-vous déjà vécu de rencontrer une personne et de cliquer instantanément, comme si vous étiez fait pour être ami(e)s ? Vous commencez à passer toutes vos journées ensemble et vous êtes tellement en confiance que vous livrez rapidement des choses très intimes ? C'est ce qu'on appelle la *fast friendship*, un mot américain qui se traduit par « amitié rapide » et qui définit exactement ce que j'ai vécu avec Morgane au début. C'est un sentiment enivrant, surtout quand on est plutôt du genre introverti. Très vite, on se retrouve avec quelqu'un dans sa vie, avec qui on partage tout, qui compte et pour qui on compte, et cette intensité dans les sentiments nous rend vivant. On sait qu'on n'est pas seul, ce qui peut vite devenir addictif. C'est tout à fait normal de rechercher ce genre de sentiment et d'être en quête de lien avec l'autre. La *fast friendship* peut être quelque chose de très positif quand la relation est équilibrée et que le partage se fait des deux côtés. Mais si la relation prend une tournure dans laquelle on ne se sent pas bien, si l'autre prend l'ascendant sur nous, il est important de tirer la sonnette d'alarme et de savoir dire stop.

Il est facile de tomber dans la dépendance affective

Ma relation avec Morgane n'était pas seulement rapide, elle était également frénétique. Je ne me suis pas rendu compte à l'époque que cette relation se basait sur de la dépendance affective. Cette dernière se définit par le fait que l'on devient totalement subordonné au regard de l'autre, qu'on a un besoin constant d'obtenir son approbation et de garder son affection. La dépendance peut se manifester à travers un effacement total de ses propres limites : vous devenez tellement proche de l'autre que vos valeurs, vos croyances, vos jugements, vos opinions et même vos barrières se fondent complètement avec son discours. Vos besoins ne sont comblés qu'à travers cette amitié et plus rien autour n'a d'importance, vous ne prenez plus rien en considération. Je crois même que dans mon cas, Morgane et moi étions dans une espèce de codépendance. Dans ce type de relation, il y a toujours un « preneur » et un « donneur ». J'étais la donneuse et Morgane, la preneuse. Le preneur peut compter sur le donneur pour être une sorte de soulagement, de pilier émotionnel, tandis que le donneur peut compter sur le preneur pour se sentir validé et booster son estime de soi. Ça, c'est la version positive, et c'est ce qu'on a vécu au début. J'étais le soutien émotionnel de Morgane et ses commentaires me donnaient de la force : « Tu es une boule de bonheur », « Tu m'aides tellement », « Tu me donnes de l'espoir ». Et moi, de mon côté, j'avais constamment un shoot de dopamine (l'hormone du plaisir) et un regain d'estime de moi ! J'étais validée par elle, et elle était soutenue par moi, c'était tout ce qui comptait. Mais à partir du moment où on a besoin de se servir de l'autre pour se sentir exister et qu'on fait tout reposer sur une seule et même personne, est-ce que ça ne devient pas malsain ? Toutes les relations ne sont pas bonnes pour nous. Tout comme pour les relations amoureuses, certaines relations amicales peuvent vite nous faire plus de mal que de bien si on tombe dans la dépendance. Quand votre identité, vos émotions et vos pensées s'entremêlent avec celles de l'autre et que vous n'arrivez plus à vivre par vous-même, c'est là que la relation devient malsaine. Si cela vous arrive, ne vous en voulez pas trop : c'est facile de basculer d'une amitié très intense à de la dépendance, surtout quand on devient ami en si peu de temps. La frontière est très mince. On a envie d'y croire, on se perd dans l'autre. « Intense » et « fragile » ne vont souvent pas de pair, mais quand vous sentez de la fragilité dans l'intensité, cela peut vous mettre la puce à l'oreille. Prenez l'exemple des allumettes : elles sont fragiles, mais intenses ; elles se consument aussi vite qu'elles ont été allumées, mais peuvent brûler. Si vous sentez que la relation vous brûle, cela peut être un indice.

ÇA VA ALLER !

Prenez le temps de construire une relation équilibrée

Parfois, certaines personnes arrivent dans notre vie comme des tornades, elles nous aiment de la même manière, puis en sortent pareillement. Ça a été le cas de Morgane, et cela a laissé des séquelles. Cette relation a brouillé mon esprit et je me suis complètement remise en question alors que je travaillais depuis deux ans à gagner en confiance en moi. Mais même des épisodes les plus douloureux il y a des leçons à tirer, et si ce genre de personne ne vous a sûrement pas aimé comme vous le souhaitiez, elle vous aura au moins appris qu'on peut se reconstruire après la tempête. Cela ne sert à rien de se jeter à corps perdu dans une amitié. Si vous avez un *feeling* réciproque, c'est une chance, ne laissez pas passer la personne ! Mais prenez le temps de la connaître avant de tout lui livrer sur vous. Apprenez à vous estimer et à vous faire confiance mutuellement au lieu de vous perdre complètement dans la relation. Une amitié solide se construit d'égal à égal ; elle concerne deux individus qui s'apprécient en sachant rester eux-mêmes. Et cet équilibre peut parfois prendre du temps avant qu'on ne le trouve.

Vous ne pouvez pas sauver l'autre, mais vous pouvez avoir un impact sur vous-même

Dans le schéma de la codépendance engendrée par cette relation, le donneur a un fort sens des responsabilités et veut constamment essayer de réparer ou de sauver l'autre. Et cela engendre certains sacrifices : il va investir toute son énergie, tout son temps, et s'oublier complètement pour faire en sorte que l'autre remonte, quitte à tomber lui-même. En ce qui me concerne, j'ai toujours pensé que l'amour était le remède à tous les problèmes et pouvait sauver tous mes proches en difficulté, qu'il fallait juste que je donne l'attention *nécessaire* pour les « guérir ». Et pour faire ça, j'avais besoin de voir le *meilleur* chez la personne. J'aimais la considérer à travers son potentiel, ce qu'elle pourrait devenir si je continuais de l'aider, mais je ne la voyais pas toujours telle qu'elle était vraiment. Avec le recul, j'ai compris que ce n'était pas à moi de sauver l'autre, c'était à lui de se prendre en main, même si je pouvais bien entendu être là en soutien en tant qu'amie. En vous plaçant en sauveur, vous êtes toxique pour vous, mais également pour l'autre, et dans ce désordre affectif, personne ne peut vraiment trouver son propre espace ni évoluer. Chacun est responsable de sa vie et de son positionnement. Vous aiderez plus l'autre en restant vous-même qu'en jouant un rôle.

Sachez dire adieu à une relation quand elle vous fait plus de mal que de bien

La dernière fois que j'ai parlé avec Morgane, ça a été très douloureux. La faire sortir de ma vie aussi brutalement a été très difficile, car d'un coup, cette personne passait de tout à rien. On pense souvent que la chose la plus difficile à faire dans sa vie, c'est de subir ce type de relation. Mais non. La chose la plus difficile, c'est de laisser partir ces personnes de votre vie et de vous choisir vous-même. Juste après la rupture, j'avais la sensation que j'étais en train de couler. J'avais été prête à me sacrifier entièrement pour me faire aimer et valider, et cette relation avait détruit en peu de temps les fragiles fondations que j'avais tenté de construire jusqu'ici. Elle m'avait fait plus de mal que de bien. Je l'ai fait passer avant mon futur moi et j'ai perdu du temps. La moi qui est assise en train d'écrire ce chapitre et que j'ai, aujourd'hui, enfin réussi à construire, peut vous donner quelques conseils pour ne pas faire les mêmes erreurs. Si cette situation vous arrive, la première étape sera toujours de considérer la raison pour laquelle vous vous êtes retrouvé là. Est-ce par manque d'estime de soi ou par peur de l'abandon ? Ce sont souvent les premières raisons et si elles sont très profondément enracinées, il peut être utile de voir un professionnel de la santé mentale pour vous soutenir tout au long de ce voyage. Deux ans ont passé depuis mon dernier jour au travail avec Morgane. À cette époque, j'avais fini par accepter qu'il y a une différence entre savoir soutenir et se sacrifier pour quelqu'un qui ne se soucie que de lui. J'ai fait la paix avec moi-même en réalisant que je ne peux pas guérir ou changer une personne, que ce travail doit seulement venir d'elle-même.

Aujourd'hui, ma conclusion est la suivante : est-ce que je peux offrir de l'amour ou de l'amitié rapidement et intensément ? Oui. Est-ce que je peux faire de la place dans mon cœur ? Absolument. Est-ce que je suis capable de réparer n'importe qui ? Non. Est-ce que je vais empoisonner ma santé mentale pour le bien-être de l'autre ? Plus jamais. Mon amour ne pouvait pas aider mon amie. Je n'ai pas pu la réparer. Cette histoire m'aura fait comprendre une chose importante : on ne peut pas changer les gens autour de nous, mais on peut choisir de qui on souhaite s'entourer.

Chapitre 6

VALORISER LES AMITIÉS PROGRESSIVES (*SLOW BURN FRIENDSHIP*)

Quand on met du temps à s'apprivoiser

De 2011 à aujourd'hui, j'ai construit une relation extrêmement forte avec mon amie Thalya. Ça s'est fait petit à petit, on a pris notre temps pour aller vers quelque chose de solide. Pourtant, au début, on ne s'appréciait pas vraiment. Voici notre histoire.

C'est en septembre 2011 que je rencontre Thalya. On est dans le même collège et ma première impression c'est que quelque chose cloche chez elle, mais je ne sais pas dire exactement quoi. Peut-être qu'elle est trop bruyante ? Sa bouche est tout le temps en mouvement, ses mains gigotent sans cesse... Elle ne me regarde jamais, mais moi, je la vois et je l'entends partout. Pour une introvertie comme moi, c'est insupportable. Une chose est sûre : je ne l'apprécie pas. Elle a une mèche de cheveux rose. Paradoxalement, je demande à mes parents si je peux m'en faire une ; ils refusent.

Deux ans après, on se retrouve dans le même cours d'allemand, où j'ai tout le loisir de l'observer. Elle est toujours aussi bruyante et n'écoute jamais la prof. C'est comme une alarme qui ne s'arrête jamais de sonner ! Le jour où elle me parle pour la première fois, c'est pour me demander une feuille. Très fière de la lui refuser, je lui réponds un grand NON, et elle ose me demander si je suis nouvelle. Sérieusement ?! On est dans le même collège depuis deux ans, on a une amie en commun et elle a l'audace de me poser une question aussi ridicule ? Ridicule, comme elle. Décidément, sa personnalité excentrique ne colle pas avec la mienne. Elle est aussi fracassante que je suis discrète. Ça ne m'empêche pas de m'acheter exactement la même veste noire qu'elle en cours d'année... En fait, je ne m'en rends pas encore compte, mais Thalya me fascine et je me laisse charmer au cours de l'année par son caractère extraverti. Les cours d'allemand, soporifiques, deviennent supportables grâce à elle : elle est capable de faire plus de bruit qu'une fanfare en plein concert et j'avoue passer davantage de temps à me concentrer sur ce qu'elle est en train de raconter à sa voisine que sur les pages de mon livre. Elle me fait rire. Contrairement à elle, je n'ai pas cette facilité à me faire entendre et à partager mes idées. Comment fait-elle ? On n'est pas encore amies, mais peut-être qu'un jour...

En juin 2015, une amie que nous avons en commun crée un groupe iMessage dans lequel elle nous met toutes les trois pour « garder le contact pendant les vacances ». Nous échangeons des messages tous les jours et c'est à ce moment-là que je découvre vraiment Thalya. Je me sens à l'aise avec elle et, contre toute attente, nous avons énormément de points communs. Il a suffi de ces quelques mois de vacances pour que nous devenions inséparables. Nous échangeons constamment, sur tout et rien. Elle n'essaye pas de me changer ni de me rabaisser comme d'autres ont pu le faire avant elle. Elle m'aide à m'accepter telle que je suis, c'est ma « personne réconfort ». Elle m'avoue que le lien qu'elle a avec moi, elle ne l'a avec personne d'autre, et je ressens exactement la même chose. On est comme deux pièces d'un puzzle parfaitement assorties. Cette osmose dure deux ans.

En septembre 2017, Thalya change de lycée. Elle se fait de nouveaux amis et on ne se parle plus autant qu'avant. Malgré cet éloignement physique, notre amitié reste intacte. Avec le temps, on se parle de moins en moins, voire plus du tout, mais en janvier 2019, ça ne va pas et elle est là pour moi. En juin 2022, ça ne va pas et je suis là pour elle.

Quand on se retrouve, on échange beaucoup sur nos années lycée. Notre amitié les a rendues supportables. On redécouvre des moments passés ensemble et on les analyse. Tout est *beaucoup plus profond maintenant ; on se dit des choses que l'on n'aurait jamais osé s'avouer auparavant. Le lien que nous avons est unique. Elle est extravertie, je suis introvertie. Elle aime le café, je préfère le thé. Elle est le soleil, je suis la lune. Et pourtant, je suis aussi son parapluie quand les gouttes tombent et elle, mon manteau quand il fait froid.*

Aujourd'hui, je suis assise à la bibliothèque universitaire et je lui envoie : « J'écris le chapitre sur toi », suivi d'un GIF de Dan Humphrey[1]. Je sais que ça la fera sourire. On ne se parle plus tous les jours ni toutes les semaines, voire pas du tout pendant des mois. Et pourtant, je sais que si je lui envoie un message tard dans la nuit, lorsque le monde entier tombe dans les bras de Morphée, elle sera toujours là pour répondre et me faire me sentir en sécurité.

VOUS N'ÊTES PAS SEUL(E)

Non, le temps n'est pas votre ennemi

Il y a des amitiés « coups de foudre » qui provoquent une explosion, un feu d'artifice inattendu en nous. Mais parfois l'amitié, c'est aussi une combustion lente et douce. On ne la prédit pas, il n'y a pas de précipitation, d'attente ni de pression, et elle échappe aux règles de l'amitié telle qu'on les fantasme. Comme un feu de cheminée qui s'intensifie avec le temps à force d'ajouter du bois, les amitiés *slow burn* sont les plus profondes, les plus durables et parfois même, les plus savoureuses. Elles passent par plusieurs phases, ont leur propre temporalité et on ne cherche jamais à les définir. On vit juste les moments ensemble. Mon amitié avec Thalya ne s'est pas construite sur des déclarations d'amour ou des câlins. C'est plus un lien invisible qu'on a tissé l'une avec l'autre

---

1. Personnage de la série *Gossip Girl* qui écrit un livre sur ses relations amicales et amoureuses.

au fil du temps. Contrairement à mes autres amitiés, je n'ai jamais cherché à lui démontrer constamment tout ce que je ressentais, car notre lien est tellement solide et durable que nous n'avons rien à nous prouver. Les longs laps de temps où nous ne nous voyons pas peuvent être perturbants pour certains. Est-ce normal de construire une amitié qui n'est pas en ligne droite et constante ? C'est vrai, cette ligne n'a pas toujours la même largeur, mais elle est continue. Elle ne se coupe pas et ne se casse pas. Elle peut rétrécir dans le temps, prendre des virages, mais elle garde toujours la même trajectoire. Après un temps sans se voir, on peut continuer de cheminer là où on s'est arrêtées en ayant l'impression que l'on s'est croisées hier. Et quand on se retourne, on voit tout le trajet parcouru ensemble et on a envie de continuer la randonnée.

Les silences font partie du jeu et c'est OK

Les amitiés *slow burn* ne sont pas les plus loquaces et cela peut en inquiéter certains. Parfois il peut y avoir des moments de confusion ou d'incertitude lors des phases où vous ne vous parlez pas : est-ce que l'autre pense à moi ? Est-ce que je suis toujours dans sa vie ? N'hésitez pas à prendre des nouvelles et vous verrez que l'autre ne vous oublie pas, car ce type d'amitié a une base solide : des valeurs communes. On s'est découverts petit à petit, on s'est apprivoisés, on a des souvenirs et une vision de la vie similaire. On sait que l'autre ne nous jugera pas quoi qu'il arrive. Les souvenirs, les personnes, les expériences peuvent avoir changé autour de nous, mais notre relation, notre union, notre lien restent exactement les mêmes. Pas besoin de chercher constamment la validation de l'autre par des mots ou des visites, il ou elle est là, et l'amitié *slow burn* est votre *safe place*. Comme un chalet à la montagne, elle devient un abri pendant les tempêtes, et même si n'allez à cet endroit que pour les vacances, vous vous y sentez bien et vous retrouvez toujours votre chemin vers elle.

Savoir s'engager, vraiment

Mais les valeurs communes et le temps ne suffisent pas. Ce qui rend ce type d'amitié aussi fort, c'est aussi le choix de s'engager dans la durée. À chaque fois que vous vous reparlez, que vous vous retrouvez et que vous passez du bon temps ensemble, vous choisissez de chérir cette amitié malgré les phases silencieuses qu'elle peut traverser ; vous choisissez de la respecter et de la garder dans votre cœur. Il y a un engagement réciproque dans cette relation presque paradoxale, où les silences n'éloignent pas et où la simplicité crée un lien émotionnel intense et profond. Cela peut faire peur, mais les *slow burn friendships* nous rappellent qu'on n'a pas toujours besoin d'être engagé constamment pour que la relation continue de fonctionner. Ça peut être à travers des moments forts quand on se revoit, mais aussi, de temps en temps, des messages tout ce qu'il y a de plus banal comme : « Je passe vraiment trop de temps sur mon téléphone, tu aurais des recommandations de livres ? », « J'ai fait une bêtise aujourd'hui, tu peux m'aider ? » ou « Tu préfères ce sac en noir et en marron ? » Ça peut aussi se manifester à travers de simples petites attentions, comme surprendre l'autre en lui offrant des bombes de bain inspirées de la série *Friends* si la personne adore cette série… Être spontané, ne pas attendre quoi que ce soit en retour, être juste heureux de faire plaisir et de se retrouver avec l'autre… Voilà tous les avantages d'une amitié qui se construit dans la durée.

SE MÉFIER DES FAUX SEMBLANTS

En nous refaisant l'histoire de notre amitié, Thalya et moi, il y a un point sur lequel nous sommes toutes les deux tombées d'accord : je ne l'aimais pas quand je l'ai rencontrée. À l'époque, j'avais le sentiment qu'elle représentait tout ce que je détestais chez une personne. Mais lorsque nous avons commencé à nous rapprocher, je me suis finalement rendu compte qu'on se ressemblait énormément : nous aimions les mêmes choses, avions des visions de la vie assez proches... La vraie différence entre nous, c'était son côté très extraverti quand moi j'étais tout l'inverse, et c'est ce qui m'a trompée. Ça vous est certainement arrivé à vous aussi de vivre ce genre d'expérience. Dans notre cas à Thalya et moi, on s'est finalement aperçues qu'on se ressemblait beaucoup, mais certaines relations fortes peuvent aussi naître entre des caractères très différents. Deux personnes que tout oppose peuvent elles aussi apprendre progressivement à se connaître, à s'apprivoiser et à apprécier leur vision des choses complémentaire. En dépassant ses préjugés, on finit parfois par s'aimer, lentement mais sûrement.

TOUT VA BIEN !

Comme dans toute relation, l'amitié *slow burn* connaît son lot de hauts et de bas. Ils sont parfois inévitables, mais il y a toujours une solution pour arranger les choses.

Ménagez-vous du temps ensemble

Avec toutes nos responsabilités, difficile de trouver du temps pour voir ses amis ; on est tellement occupé qu'on a tendance à placer cette option à la fin de notre liste de priorités. Mais les amis sont essentiels à notre équilibre et ils sont à replacer en haut de notre liste. Les moments avec eux permettent d'adoucir notre quotidien, de créer de nouveaux liens et de nouveaux souvenirs. Une amitié, ça s'entretient, et même les moments éphémères passés ensemble, qu'on se soit quittés la veille ou il y a deux ans, contribuent à se faire du bien. Ne tombez pas dans le piège de vous perdre de vue, même si ce piège est tentant dans le cadre d'une *slow burn friendship*. Ménagez-vous des moments de qualité et soignez votre relation. Ce n'est pas parce qu'on se voit peu qu'on ne prend pas soin de l'autre.

Trouvez votre équilibre dans votre façon de communiquer

Pendant longtemps, j'ai pensé que Thalya ne m'aimait pas de la même manière que celle dont je l'aimais et il m'arrivait de me sentir insécurisée. En fait, elle avait juste une manière différente de la mienne de me montrer son affection.

N'hésitez pas à communiquer vos doutes

Chaque personne a sa propre façon d'aimer et son propre langage. Se sentir loin de l'autre peut parfois être difficile et dans ce cas, il est toujours préférable d'en parler. Vous verrez, la plupart du temps, votre ami ne se rend même pas compte de ce que vous ressentez. Au lieu de se laisser manger par le ressentiment, il vaut mieux faire place à l'échange, à l'écoute et à la compréhension mutuelles.

Lorsque vous sentez que vous rentrez dans une dynamique de *slow burn friendship* avec une personne, n'hésitez pas à communiquer avec cette dernière. Il est important de savoir si vous partagez la même vision des choses. Traverser des phases de silence est tout à fait normal dans ce type de relation, mais si ce n'est pas clair des deux côtés dès le départ, il peut y avoir de la confusion chez l'un ou l'autre. Être sur la même longueur d'onde est primordial pour continuer à faire grandir votre amitié.

Acceptez que l'autre puisse avoir son jardin secret

À l'époque, Thalya était de ces personnes qui n'aiment pas se confier lorsque ça ne va pas dans leur vie. Pas par manque de confiance en moi, mais parce que c'était simplement sa façon de fonctionner. De mon côté, je partageais tout et comme ce n'était pas réciproque, j'ai fini par avoir la sensation de m'être trop ouverte à elle. Je me suis renfermée et ne me suis plus dirigée instinctivement vers elle quand ça n'allait pas. Un écart s'est creusé entre elle et moi. Il a fallu qu'elle s'ouvre à moi un jour pour que je comprenne que son manque de confidences n'avait rien à voir avec le fait qu'elle ne me considérait pas comme une bonne amie. Aujourd'hui, si une amie souhaite partager ses secrets avec moi, je suis à son écoute et si elle ne le veut pas, je comprends également. Le fait de se confier à quelqu'un ne définit pas la profondeur de l'amitié. Et ça ne signifie pas non plus que vous n'êtes pas important dans la vie de cette personne. Vous pouvez très bien avoir une amitié profonde avec quelqu'un en souhaitant garder certaines choses pour vous.

Déculpabilisez et acceptez la relation telle qu'elle est

Dans une amitié *slow burn*, les périodes *no contact* peuvent parfois être longues. Il arrive qu'il y ait des complications dans votre vie et que vous ayez besoin de votre ami(e), mais que ce ou cette dernière ne soit pas présent(e). Vous avez envie de prendre contact, mais vous n'avez pas envie que votre ami(e) pense que vous ne l'appelez que pendant les moments difficiles, que vous profitez de la relation. J'ai pensé ainsi pendant de longues années pour, finalement, prendre conscience que c'était OK pour Thalya comme pour moi. Si vous avez une vision commune de votre amitié, il est totalement normal de vous rediriger l'un(e) vers l'autre même quand ça ne va pas. Votre ami(e) *slow burn* est votre personne « réconfort », il ou elle vous ouvre la porte lorsque vous avez besoin de vous réchauffer. Déculpabilisez et rassurez-vous ensemble : vous êtes là dans les joies comme dans les peines.

Chapitre 7

SE SORTIR DES AMITIÉS TOXIQUES

Quand l'amitié nous détruit

Quand Victoria et moi nous sommes rencontrées, je pense que chacune a été attirée par les fragilités de l'autre, et nous avons tout de suite parlé de choses intimes. Cela a créé du lien entre nous. Je me souviens que mes parents ne l'ont jamais vraiment appréciée. La première fois qu'ils l'ont rencontrée, ils m'ont dit : « Hadeel, cette amie n'est pas bonne pour toi » ; ils ne comprenaient pas mon attachement pour elle. Les parents aimants savent toujours...

Et ils avaient raison. Le changement s'est fait de façon insidieuse. Plus on grandissait, plus les échanges commençaient à être déséquilibrés. Chaque fois que Victoria avait besoin d'une épaule pour pleurer ou d'un exutoire pour évacuer ses frustrations, pour trouver un peu de réconfort ou chercher des conseils, elle se tournait vers moi. Cependant, quand il s'agissait de moi, elle n'écoutait plus, ou pire, elle me rabaissait : au lieu de me donner le soutien moral dont j'avais besoin, elle écrasait chaque mot, chaque pensée, chaque rêve. Son excuse : j'étais « trop naïve ». Alors que seuls quelques jours séparaient nos anniversaires, elle m'appelait souvent « sa petite sœur ». Et moi, je la laissais être ma grande sœur : plus grande que moi, plus intelligente, plus réfléchie... J'étais toujours moins maligne, moins réaliste, moins expérimentée... La liste était longue. Je me rends compte avec le recul que ce surnom, qui était censé être affectueux, imposait déjà un rapport de domination entre nous.

Puis, petit à petit, elle est devenue jalouse et colérique. « À tes côtés, j'ai l'impression que je suis invisible ; les gens viennent toujours te dire bonjour ou te faire un compliment mais moi, jamais rien. » Je ne savais vraiment pas quoi répondre. Je faisais pourtant tout mon possible pour éviter de lui faire du mal ; sa remarque m'avait fait culpabiliser, j'avais essayé de me faire encore plus petite à ses côtés. Avant de dire ou de faire quelque chose, je devais toujours me préoccuper de ce qu'elle allait penser et ressentir. Et quand je ne le faisais pas ou que des choses se produisaient à l'improviste, elle avait toujours une drôle de façon de me faire savoir que ça ne lui convenait pas. Elle voulait tout le temps tout contrôler. Elle ne supportait pas que j'aie de meilleures notes ou un meilleur sens de l'orientation, que j'achète avant elle (sans le savoir) la paire de bottines qu'elle voulait... Sa réaction était de me punir, soit en me faisant des reproches, soit par le silence.

Ces épisodes de culpabilisation ont fini par s'accompagner de moments d'humiliation : il lui arrivait très souvent de me sortir un « T'es moche » ou « T'es stupide » inopinément, en pleine conversation, devant d'autres ou quand nous étions seules. Elle avait aussi inventé une chanson assez rabaissante sur moi, qu'elle n'hésitait pas à chanter devant tout le monde, et tout ça, je devais le prendre à la rigolade sous peine de m'attirer ses foudres. Elle voulait toujours que je reste en dessous d'elle et que je sois dépendante d'elle. Car « sans elle, je n'étais plus rien », comme elle aimait le dire. Elle trouvait le moment parfait pour me rabaisser à chaque occasion et j'ai fini par croire à ses mots blessants avec le temps (mots dont j'ai encore du mal à me détacher aujourd'hui). Si elle me voyait rire et sourire, elle disait quelque chose qui me déprimait. Si elle voyait que j'avançais, elle essayait de me retenir. Et quand elle s'apercevait que je me trouvais jolie dans ma tenue, elle pointait tout ce qui n'allait pas et me disait qu'elle ne se serait jamais habillée de la sorte. Quand j'osais lui dire que ce qu'elle disait ne me plaisait pas, elle me faisait comprendre que j'étais trop susceptible et que c'était « pour rire ». C'était toujours « pour rire ».

J'étais de plus en plus mal dans cette relation et un jour nous nous sommes disputées, car j'avais eu le malheur de défendre une amie commune. La jalousie et les insécurités de Victoria ont pris le dessus, elle s'est énervée et nous ne nous sommes plus parlé pendant plusieurs jours. J'ai alors reçu une lettre paradoxale de sa part. Elle me disait qu'elle m'aimait mais qu'elle me détestait en même temps, qu'elle me voulait dans sa vie mais qu'en même temps, non. Elle concluait également que j'étais l'une des principales raisons qui lui donnaient envie de mettre fin à ses jours. J'étais bouleversée : à la fois par cette menace qui me faisait peur et par la colère de recevoir, chez moi, toutes ces accusations scandaleuses. Les mains tremblantes, j'étais partagée : avais-je le droit d'être aussi irritée ? Est-ce que ma colère était légitime ou est-ce que je dramatisais ?

J'ai pris sur moi encore une fois car au fond, je croyais à ses critiques et je pensais qu'il devait y avoir quelque chose qui n'allait pas chez moi. J'essayais très fort de rationaliser son comportement – qui n'avait rien de rationnel – parce que je tenais à elle. Ce n'était pas si grave que ça, personne n'était parfait. Je la connaissais depuis l'âge de onze ans, une amitié de si longue date n'était pas censée prendre fin ; on était supposées tout traverser ensemble. Mais plus les mois passaient et plus notre relation se détériorait. À force de ressentir de la colère envers elle, je commençais moi-même à avoir un comportement toxique ; je n'étais plus aussi loyale qu'auparavant, et les confidences qu'elle me faisait n'étaient plus en sécurité avec moi. Je ne me ressemblais plus. On savait toutes les deux que notre amitié touchait à sa fin mais nous restions accrochées l'une à l'autre dans l'espoir de réparer l'irréparable. Après qu'une énième dispute ait éclaté entre nous, ma tolérance avait atteint ses limites... Après neuf ans d'amitié, j'ai décidé de mettre un terme à notre relation. C'était une rupture radicale à laquelle aucune de nous deux ne s'attendait vraiment. Victoria avait encore espoir que nous nous reparlions mais pour moi, cette décision était définitive.

VOUS N'ÊTES PAS SEUL(E)

Attention au phénomène d'emprise

Vous connaissez certainement cette phrase du film Le *Parrain* : « Garde tes amis proches et tes ennemis encore plus proches ». Quand vous avez un ami toxique, la frontière entre ami et ennemi devient si floue que la seule solution est surtout de tenir cette personne le plus loin possible de vous.

Après avoir lu mon histoire avec Victoria, vous vous demandez sûrement pourquoi je suis restée si longtemps amie avec une fille qui me voulait autant de mal. Avec le recul, les choses semblent évidentes mais quand on est plongé dans la relation, ce n'est pas si simple. D'abord, je pense que j'ai confondu deux choses : l'amour et la loyauté. Je pensais sincèrement que Victoria et moi nous aimions et que je devais rester à ses côtés. Souvent, les relations toxiques commencent de façon légère. Puis on s'attache à l'autre, qui sait réveiller en nous quelque chose qui nous touche. Et c'est après avoir construit un monument d'amour et créé plein de souvenirs ensemble que la toxicité s'installe, petit à petit. Une fois que le lien est créé, l'amour a une manière impitoyable de nous garder liés aux gens qui nous blessent. C'est ce que l'on appelle le phénomène d'emprise : l'autre nous fait du mal mais on n'arrive pas à s'en détacher. Et c'est un cercle vicieux : peu importe à quel point les messages sont destructeurs, on les reçoit et on les laisse nous façonner parce qu'on est devenu dépendant à l'autre. Cela doit cesser !

La peur de l'abandon peut être votre pire ennemie

On est censé se connaître mieux que quiconque et pourtant, on est le premier affecté par les mots d'une personne qui n'a pas vécu une seule seconde de notre vie. Quand nous sommes vulnérables et que nous manquons d'estime de nous-mêmes, on peut nous faire croire n'importe quoi. Ces mots se cramponnent en nous et nous enferment… jusqu'à ce qu'un jour, on se rende compte à quel point ces messages étaient erronés et malveillants. À l'époque, j'étais dépendante de ce que Victoria disait et faisait ; je ne pensais pas mériter mieux. J'avais tellement peur d'être abandonnée qu'être aux côtés de quelqu'un, même toxique, me semblait moins douloureux.

Heureusement, j'étais bien entourée et j'ai évolué. J'ai cessé d'être dépendante de cette personne et pourtant, je m'accrochais à la conviction que nous devions rester connectées et que je devais être fidèle à notre amitié. La loyauté à une personne peut être immense, mais si cela se fait aux dépens de votre propre bien-être et de votre santé mentale, la relation n'en vaut pas la peine et il faut savoir lâcher prise. Cette loyauté est souvent la raison pour laquelle les gens restent prisonniers et coincés dans des amitiés toxiques. Mais lorsque ces amitiés s'accompagnent d'une diminution de votre estime de vous-même et que l'autre ne vous respecte pas, ce n'est plus de la loyauté mais de la soumission.

La tentation d'excuser l'autre

On a parfois du mal à se couper de l'autre car on trouve des excuses à son comportement. Si cette personne agit de cette façon, c'est qu'elle est probablement et tout simplement malheureuse. On peut aussi se dire qu'elle a traversé des épreuves qui ont engendré un traumatisme et que cela fait ressortir le pire chez elle. Je le sais car j'ai déjà été cette personne et c'est en cela que je peux vous dire que ça n'excuse en rien un comportement toxique. Même si nous pouvons tous faire preuve d'empathie, cette dernière ne doit pas nuire à la qualité de notre propre vie. Sinon, ce n'est plus de l'empathie mais de l'autodestruction.

Si vous ne vous reconnaissez plus, c'est un *trigger warning* !

Les relations toxiques sont pernicieuses. Elles commencent souvent de façon tout à fait normale : on a l'impression que l'autre répond à nos besoins, qu'il nous aime et qu'on l'aime en retour. On s'attache très fortement et c'est au moment où le lien devient déséquilibré qu'on perd pied ; on est comme enfermé. L'autre nous fait des compliments, et en même temps nous attaque sur ce que l'on est, nous humilie. Il souffle le froid et le chaud. C'est ce que Victoria faisait en m'appelant affectueusement « sa petite sœur » d'un côté et en m'humiliant la minute d'après de l'autre. Non seulement je perdais tous mes repères (si c'était de l'amour, pourquoi était-elle blessante ?) mais je commençais moi-même à devenir quelqu'un que je ne voulais pas être. Son comportement toxique déteignait sur moi et sur les derniers mois de notre relation, j'agissais moi-même de façon méprisante envers elle. Tout comme l'amour est un cercle vertueux, la méchanceté entraîne parfois un cercle vicieux. Si vous commencez à ne plus vous reconnaître, que vos réactions ne correspondent plus à ce que vous voulez être, c'est un signe qui doit vous alerter. Prenez les choses en main !

ÇA VA ALLER !

Dans une relation, rien n'est irrémédiable et si vous ne vous y sentez pas bien, il n'est jamais trop tard pour dire stop. Pour cela, il est important de savoir identifier les comportements déviants chez l'autre.

Apprenez à identifier les signes d'une amitié toxique

Avoir un ami toxique, c'est comme traîner au-dessus de soi un énorme nuage gris dont on n'arrive pas à se débarrasser. Cela impacte notre état émotionnel et psychologique : on remet constamment en question notre valeur, on s'épuise à faire fonctionner une relation qui, de toute façon, est vouée à l'échec... Les effets négatifs des amitiés toxiques peuvent entraîner des sentiments d'anxiété, de dépression, une faible estime de soi et un stress accru. Voici quelques signes qui doivent vous mettre la puce à l'oreille dans le comportement de l'autre.

Le déséquilibre dans la relation

Votre ami reçoit inconditionnellement votre amour, votre soutien et votre énergie mais ne vous donne rien en retour. Or, une amitié doit fonctionner dans les deux sens. Ce n'est pas toujours au même de donner.

Le côté *control freak*

L'ami contrôlant ne supporte pas que vous preniez des décisions sans le consulter, tente d'influencer votre façon d'agir et de vous comporter, ne supporte pas que vous fassiez des choses sans lui en parler et vous fait vous sentir coupable de ne pas passer assez de temps avec lui. Mais ce n'est pas à lui de contrôler votre vie. Vous êtes un être libre !

La jalousie

L'autre se compare constamment à vous et vous rabaisse pour booster son propre ego. Il ne supporte pas lorsque vous êtes au même niveau ou au-dessus de lui. Il n'accepte pas ce que vous êtes et ne veut pas vous voir évoluer ou changer. Il critique constamment vos opinions, vos décisions, votre comportement, votre physique. Il ne supporte pas vos accomplissements et préfère vous rabaisser. Et quand vous lui dites que cela vous dérange, il fait passer ses critiques pour de simples blagues et minimise leur impact. Il veut vous garder dépendant et sous sa coupe. Un vrai ami devrait se réjouir lorsqu'on réussit quelque chose ou qu'il nous arrive du positif.

L'absence de fiabilité

C'est ce que j'appelle « le syndrome de l'ami flocon ». L'ami flocon est une personne qui n'est pas fiable (l'amitié est fragile, comme un flocon) : il annule vos plans à la dernière minute, préfère vous exclure des conversations de groupes et ne vient vers vous que lorsqu'il en ressent le besoin. Vous n'êtes pas à sa disposition !

La manipulation

L'autre vous fait culpabiliser et utilise le chantage affectif pour obtenir tout ce qu'il veut de vous, peu importe ce que vous ressentez (le chantage au suicide fait par Victoria, par exemple, est quelque chose de très grave ; n'hésitez pas à en parler autour de vous si cela vous arrive). Mais la manipulation peut aussi passer par d'autres techniques que la culpabilisation. Lorsque vous êtes seul avec votre ami, par exemple, il peut devenir une personne totalement différente. Ce n'est pas normal d'avoir un comportement « double face » et d'agir différemment lorsqu'on est en groupe, d'autant plus si la personne est brutale physiquement ou verbalement en privé. Cela doit vous alerter.

Un ami qui ne vous accepte pas tel que vous êtes et vous malmène n'est pas bon pour vous. Si, quand vous passez du temps avec lui, vous vous sentez toujours mal en le quittant et que vous vous posez des questions, écoutez-vous. Une relation doit vous faire plus de bien que de mal : il est temps d'y mettre un terme et de vous protéger.

Réparer ou laisser tomber ?

On est parfois tenté d'essayer de sauver son amitié, pour les raisons évoquées plus haut. Vous pouvez le faire si vous sentez qu'il y a quelque chose à sauver, que la personne passe par une phase difficile et qu'elle peut être raisonnée (mais encore une fois, cela ne doit pas être à vos dépens). Commencez par communiquer ce que vous ressentez. Ne laissez pas cette personne vous embarquer dans sa négativité ; si un comportement ne vous plaît pas, instaurez des limites. Vous pouvez aussi essayer de faire un *break*. Prenez de la distance si votre ami continue à mal se comporter. S'il se rend compte de cette distance et vous demande ce qui ne va pas, vous aurez l'occasion de lui parler de son comportement problématique. S'il est décidé à changer, donnez-lui une chance. Sinon, passez à autre chose.

La meilleure façon de laisser tomber une amitié toxique, c'est tout simplement d'arrêter d'essayer. Arrêter d'essayer d'apprendre à l'autre comment il devrait vous traiter, de lui parler de l'amour que vous avez pour lui ou de lui prouver que vous en valez la peine. Si vous essayez autant, c'est qu'il y a déjà une partie de vous qui sait, au fond, que vous méritez MIEUX. Maintenant, il suffit d'inverser la tendance et de vous donner cette énergie à vous-même.

Quels déclics pour sortir d'une relation toxique ?

Vous avez analysé ce qui se jouait dans la relation toxique mais partir vous semble difficile. Personnellement, voici ce qui m'a aidée à avancer.

Le respect de soi entraîne le respect des autres envers nous

Le jour où tout a changé pour moi, c'est quand j'ai compris que le respect que j'avais envers moi-même devait être beaucoup plus fort que l'amour que j'avais envers la personne. Vous êtes le reflet de votre amour propre : la relation que vous entretenez avec vous-même ne devrait pas être toxique. En travaillant sur votre estime personnelle, vous aurez plus de facilités à construire une relation amicale avec des limites solides et durables. Si la relation détruit cette estime, c'est un déclic pour y mettre fin.

Prendre conscience qu'on ne peut pas sauver l'autre

À l'époque où nous nous sommes rencontrées, Victoria et moi étions dans un mal-être profond. J'ai évolué et pas elle (à cette époque), ce qui m'a permis de mettre fin à la relation. D'abord, je m'en suis voulu d'être restée aussi longtemps dans cette dynamique malsaine, puis j'ai pris conscience que mon ancienne amie souffrait et qu'elle m'en avait fait porter la responsabilité alors que je n'y étais pour rien. Cette déculpabilisation m'a permis d'avancer. Peu importe comment ou pourquoi elle n'était pas une bonne amie, il était important pour moi de réaliser que si elle avait agi ainsi, ce n'était pas à cause de moi mais à cause de tout ce qui n'allait pas de son côté.

Sachez dire adieu à une relation qui ne vous fait pas de bien

Dans une relation toxique, on se perd. Et on ne sera jamais capable de se retrouver si on continue à rester dans un climat qui nous enfonce. Au lieu de se voir avec son propre regard, on se contemple à travers les yeux de l'autre et ce que l'on y perçoit est dégradant. Comment tendre vers la personne que nous souhaitons devenir si on nous rabaisse sans cesse ? Vous êtes la seule personne capable de définir votre valeur et de déterminer ce que vous voulez être. Vous n'avez pas besoin de quelqu'un d'autre pour le faire à votre place. Ne mettez pas votre validation, votre bonheur et votre confiance dans les mains de quelqu'un. Les personnes saines qui vous donneront de l'amour inconditionnel ne le demanderont jamais en retour, car elles auront conscience qu'elles ne sont qu'un bonus dans votre vie. Dans une vraie amitié, le fait de se soutenir, de se choisir et de se respecter n'est pas optionnel. L'amour y est circulaire ; lorsque vous donnez de l'amour, il revient.

Même quand vous donnerez le meilleur de vous-même, ce ne sera jamais assez pour un ami qui ne veut pas ou ne sait pas voir votre valeur. Se battre pour quelqu'un qui ne se bat pas pour vous, c'est arroser une plante déjà morte. Les amitiés sont censées vous apporter de la clarté et de la légèreté, et non de la confusion ou de la lourdeur. Il faut que vous arrêtiez d'attendre de vos amis qu'ils vous respectent automatiquement parce que vous les respectez, qu'ils soient gentils avec vous parce que vous l'êtes avec eux et qu'ils vous choisissent tout comme vous les choisissez. Certaines personnes ne savent pas donner et l'amitié n'est pas supposée se construire *via* des demandes ou des attentes insistantes. Lorsque la relation devient nocive pour vous, il est temps de vous choisir en premier.

Pardonner permet parfois de s'apaiser

Aujourd'hui, je ressens un soulagement et de l'indifférence quand je pense à Victoria. J'ai décidé de lâcher prise car, si j'avais continué à ressasser tous les mauvais souvenirs et sentiments négatifs à son égard, je me serais empoisonné l'existence. Quand je repense à ma vieille amie, j'espère qu'elle est heureuse. Couper les liens avec elle ne signifiait pas que je m'en fichais. Cela signifiait simplement que je souhaitais moi-même être heureuse, et cette décision m'a aidée, après être passée par des moments de colère, à m'apaiser et à pardonner. Et même si j'ai perdu une amie dans cette histoire, j'ai gagné quelque chose de plus important : une relation saine avec moi-même.

Vos amitiés ne vous définissent pas, c'est la façon dont VOUS vous définissez qui va vous permettre d'attirer des amitiés saines, des êtres qui méritent votre amour, votre temps et votre attention. Il y a tellement de personnes dans ce monde qui sont prêtes à vous aimer comme vous méritez de l'être !

Si vous pensez encore que vous avez besoin de vous libérer, réexaminez votre positionnement car vous êtes déjà en train de faire un travail sur vous-même en lisant ce livre. En vous (dé)construisant, vous êtes déjà libre.

Chapitre 8

AFFRONTER LA DÉSILLUSION EN AMITIÉ

Quand la culture pop
nous vend du rêve

Octobre 2019. Un *week-end* pluvieux, un paquet de chips, du chocolat et mon lit : le combo idéal pour bingewatcher la saga Harry Potter. À chaque fois que je regarde ces films, je suis fascinée (et aussi un peu jalouse) par la loyauté et de la complicité du Golden Trio constitué par Harry, Ron et Hermione. Ils sont prêts à tout les uns pour les autres. J'ai passé toute mon enfance et mon adolescence à essayer de créer ce même lien dans mes amitiés, mais je n'ai jamais totalement réussi. Ça a été le cas avec Emy, une amie rencontrée le premier jour de la rentrée du collège, à qui je pense en regardant ce film. Elle était la première et la seule personne qui m'avait adressé la parole ce jour-là alors que j'étais submergée par le stress. Pendant un temps, Emy a été la flamme qui éclairait mes jours sombres, la compagne de tous mes rires et la confidente de mes secrets les plus profonds. Pour elle, je me sentais prête à déplacer des montagnes, à sacrifier des heures précieuses de révision et à lui offrir une oreille attentive à n'importe quelle heure du jour ou de la nuit. Comme dans les films. J'étais prête à tout accepter au nom de notre amitié. Mais en réalité, Emy était loin de s'investir autant. J'avais imaginé un scénario parfait de notre amitié qui ne collait pas du tout avec la vraie vie : mes appels restaient sans réponse, elle me faisait des promesses qu'elle ne tenait pas, elle était étonnamment absente dans les moments où j'avais le plus besoin d'elle…

Le déclencheur de ma prise de recul dans notre relation a eu lieu lors d'une soirée chez elle. Cette soirée avait débuté de façon décontractée : elle m'avait invitée pour passer un moment ensemble à une époque où je ne me sentais pas bien et m'avait promis une nuit mémorable qui mettrait, au moins pour quelques heures, mon mal-être de côté. Mais elle n'a pas tenu ses promesses et nous nous sommes finalement retrouvés à trois dans son appartement : elle, moi et un garçon qu'elle connaissait à peine. À un moment donné, ils sont partis tous les deux, m'ont laissée seule au salon. Un sentiment étrange de malaise s'était emparé de moi alors que je me retrouvais avec, pour seuls compagnons, le silence pesant dans la pièce et un léger murmure de voix venant de la pièce voisine. Dans cet appartement qui aurait dû m'être familier, je me sentais soudainement étrangère, comme si j'étais une spectatrice indésirable d'une scène qui se jouait sans moi. Mon malaise s'intensifiait au fur et à mesure que les minutes passaient, et elles semblaient s'étirer à l'infini, marquées par une anxiété croissante. Le cœur lourd, je m'étais sentie exposée et vulnérable. Les pensées tourbillonnaient dans ma tête, je cherchais une explication à cette situation déconcertante. Le lendemain matin, l'excitation dont elle me faisait part concernant son vécu de cette fin de soirée, seule aux côtés de ce garçon, éclipsait la réalité de la mienne. Lorsque j'ai essayé de partager mon ressenti, ses explications étaient vagues, dépourvues d'empathie pour ce que j'avais traversé. Et avant de reprendre le cours de notre vie, Emy m'avait fait promettre de ne raconter cet événement à personne. Ça m'avait laissée abasourdie. À la suite de cette soirée, j'ai décidé de prendre du recul et lorsque je lui en ai parlé, elle m'a traité d'égoïste. Ses mots ont été comme un coup de poing à l'estomac. C'était donc ça, l'amitié dans la vraie vie ? Je l'ai par la suite supprimée des réseaux sociaux et j'ai coupé le contact.

VOUS N'ÊTES PAS SEUL(E)

La vie n'est ni un film ni une série

J'ai grandi en étant bercée par des films emblématiques comme *Harry Potter*, des dessins animés comme *Toy Story* et des séries télévisées comme *Outer Banks*. Ces histoires débordent d'amitiés solides, d'aventures partagées et d'une camaraderie sans failles. Le lien entre Harry, Ron et Hermione ou les jouets soudés de *Toy Story* m'a laissé croire que ce type de relation était la norme en matière d'amitié. Et j'ai inconsciemment transposé ces schémas dans ma propre réalité. Mes attentes étaient élevées, car influencées par les récits enchanteurs que j'avais écoutés pendant des années. Je croyais en des amitiés où chaque personne est une épaule solide, prête à affronter les hauts et les bas de la vie, ensemble et pour toujours. Mais la réalité m'a rattrapée et j'ai rapidement pris conscience que la vie ne suit pas toujours le script rose bonbon d'un film ou d'une série. Les amis ne sont pas nécessairement des héros aux côtés desquels on traverse des aventures épiques. Les gens ont des aspirations différentes, des valeurs divergentes et leurs intentions peuvent varier considérablement. La désillusion fut palpable. Les amis ne se révélaient pas toujours être les alliés fiables que j'avais imaginés. Les petites trahisons et les déceptions, bien éloignées des scénarios des écrans, étaient pourtant des réalités amères que j'ai dû éprouver et accepter.

Le cinéma comme la télévision font du bon travail lorsqu'il s'agit de nous faire oublier les complications que les amitiés peuvent rencontrer dans la vie réelle. Une rupture amicale ? Une trahison ? Une mauvaise communication ? Tout ça n'existe pas. Ces films ajoutent certainement quelques scènes dramatiques pour maintenir la curiosité du spectateur, mais l'histoire se termine *toujours* bien : les amis vécurent heureux et eurent beaucoup d'aventures extraordinaires. Et c'est normal : c'est le rôle de la fiction de nous faire rêver. Seulement, il est important de comprendre que l'amitié authentique peut être imparfaite, faite de hauts et de bas, et qu'elle nécessite un engagement mutuel. Et que c'est aussi dans son imperfection que réside la beauté inattendue des relations humaines.

On peut parfois avoir envie de tout accepter au nom de l'amitié

Comme pour les histoires d'amour, notre société a tendance à romantiser et idéaliser l'amitié. On nous a souvent appris à déconstruire le fait que la vie amoureuse est comme dans les films, mais cela a peu été le cas sur le sujet de l'amitié, alors que les conséquences peuvent être tout aussi néfastes. Dans ce monde utopique, c'est comme si les limites et le respect de soi n'existaient pas : pardonner à sa meilleure amie pour vous avoir trahi(e) avec votre copain ? *Check*. Laisser tomber votre rêve de faire vos études à l'étranger parce que vous avez du mal à vous séparer de votre meilleur ami ? *Check*. Être au travail et quitter son poste sans prévenir votre patron parce que votre meilleur ami a une *fashion emergency* ? *Check*. Faire les 400 coups avec votre meilleure amie et finir en prison sans que cela ait aucune répercussion sur votre avenir ? *Check*. À force de voir ce schéma répété dans les films, notre vision de l'amitié est conditionnée : tout est pardonnable et franchissable, il n'y a aucune limite. Dans ces fictions, ce sont également des amitiés très jeunes qui sont mises en avant, avec des protagonistes de 16 ou 17 ans. Cette mise en avant peut parfois poser problème car elle ne reflète pas toujours la réalité des relations humaines à cet âge-là. Le concept du « meilleur ami pour la vie » et du fait que l'amitié est une force capable de résister à toutes les tempêtes est une idée bien ancrée dans nos têtes, alors que l'être humain est en constante évolution. Les films, les livres et les médias, en général, nous offrent des histoires dans lesquelles des amis font preuve de sacrifice, pardonnent des erreurs impardonnables et demeurent solidaires malgré les épreuves. Cette vision romantique de l'amitié peut être source d'inspiration, mais elle peut également créer des attentes démesurées. L'idée de tout pardonner, même les choses impardonnables, m'a personnellement conduite à des dynamiques malsaines. Elle m'a entre autres incitée à accepter des comportements toxiques au nom de l'amitié, ignorant ainsi mes limites et le respect que je me devais. Ce modèle du pardon inconditionnel m'avait mis une pression excessive : je me sentais obligée de rester dans des relations qui me causaient du tort, sous prétexte que l'amitié doit tout excuser. Plus je grandissais et plus j'étais tiraillée entre la loyauté et mon bien-être, au nom de l'amitié. Pendant toute mon enfance et mon adolescence, j'ai cru fermement que si je donnais tout pour mes amis, si je mettais constamment leurs besoins avant les miens, ils en feraient de même pour moi. C'était une conviction profondément enracinée qui dictait mes actions et mes choix. Mais, dans ma quête d'être une amie dévouée, je m'éloignais progressivement de mon propre épanouissement et je n'arrivais pas à me trouver en tant qu'individu. Et plus je me pliais à ces schémas, plus la déception et la frustration s'installaient. Les signes de déséquilibre dans les relations avaient beau être évidents, je les minimisais, espérant que mes sacrifices finiraient par être reconnus et récompensés. Mais ça n'avait jamais été le cas. Dans mon histoire avec Emy, même lorsque j'ai pris de la distance, mes pensées ne me laissaient pas tranquilles et parfois, je culpabilisais alors que je n'aurais pas dû. Si vous sentez un déséquilibre trop important et que la relation vous fait plus de mal que de bien, écoutez-vous.

ÇA VA ALLER !

Apprenez à déconstruire les schémas idéalisés…

On prend souvent conscience assez tardivement que l'on s'est trompé. Dans mon cas, la honte et la culpabilité ont pris le dessus et je m'en suis longtemps voulu d'avoir été trop naïve. Je me reprochais d'y avoir cru et de m'être investie aussi intensément dans ces relations non réciproques. Au fond, je ressentais aussi un sentiment de déception envers moi-même. Mais cette prise de conscience m'a également amenée vers une compréhension plus profonde des relations humaines et j'en suis ressortie plus mature émotionnellement. Si cela vous arrive à vous aussi, voici quelques *tips* qui m'ont personnellement servi pour mieux gérer la situation et me réconcilier avec moi-même :

- La première étape est d'accepter vos faiblesses et vos erreurs. Personne n'est parfait et cette perfection, qui est montrée à travers nos écrans, même si elle nous fait rêver, n'existe pas, et elle n'existera jamais. Les relations amicales peuvent être complexes et c'est parfois dans cette complexité que réside leur richesse.
- La deuxième étape est de comprendre et de reconnaître que vous avez agi avec le savoir et les connaissances dont vous disposiez à l'époque ; ne jugez pas vos choix passés avec la sagesse que vous avez aujourd'hui.
- La troisième étape est d'adopter une attitude bienveillante et d'avoir de la compassion envers vous-même. Ces expériences d'amitié permettent aussi d'apprendre, d'avancer et de grandir. Utilisez ces moments comme des leçons de vie plutôt que comme des motifs de regret, cela vous permettra de transformer la douleur émotionnelle en une force constructive.

En fin de compte, briser les schémas idéalisés autour de l'amitié nécessite un travail intérieur, empreint de compréhension, de pardon et de bienveillance envers vous-même. C'est en intégrant ces éléments dans votre parcours personnel que vous serez équipé pour établir des relations plus saines et plus authentiques à l'avenir.

… pour mieux reconstruire des amitiés réelles et authentiques

Une fois la désillusion passée, il est important de repartir sur de bonnes bases et de comprendre le fonctionnement des autres autour de vous afin de construire des amitiés « réelles ».

On a tendance à oublier beaucoup trop souvent que les autres ne pensent pas et n'agissent pas comme nous et qu'ils ne sont pas des personnages de rom-com !

Savoir s'investir

Dans une relation qui fonctionne, chacun a sa façon propre de s'investir. Mon conseil ici est de reconnaître et de respecter les différents niveaux d'investissement de chacun. Certains amis peuvent choisir de s'investir profondément, en partageant leurs pensées les plus intimes et en consacrant du temps et de l'énergie pour nourrir la relation. Pour d'autres, l'amitié peut se manifester de manière plus légère et être basée sur des interactions occasionnelles, des connexions plus superficielles, mais non moins sincères. La diversité des investissements émotionnels et du niveau d'engagement est une réalité incontournable et c'est important de l'accepter, tant que la relation est équilibrée.

S'assurer que la relation va dans les deux sens

Le comportement que l'on a vis-à-vis de ses amis ne garantit pas toujours la réciprocité de la relation. Si vous sentez un déséquilibre d'investissement, ne sacrifiez pas constamment votre bonheur pour les autres et apprenez à prendre soin de vous-même. Trouvez un équilibre qui favorise une bonne santé émotionnelle des deux côtés. Si la culpabilité d'avoir trop donné vous assaille, utilisez cette expérience comme une leçon précieuse. Apprenez à définir des limites saines tout en continuant à offrir votre soutien d'une manière équilibrée.

Comprendre que tout le monde n'a pas les mêmes valeurs

Les valeurs et les principes qui nous guident sont aussi variés que les étoiles dans la galaxie ! Communiquez ouvertement sur vos valeurs avec vos amis. La compréhension mutuelle favorise des relations plus harmonieuses, même lorsque les points de vue diffèrent. Reconnaissez qu'il est toujours possible d'évoluer et utilisez ces expériences pour des échanges à venir plus profonds et plus compréhensifs. Établissez des limites claires et assurez-vous de les communiquer à vos amis pour éviter tout malentendu.

Accepter la diversité de caractères

En embrassant l'amitié dans toute sa diversité, on offre à chaque lien particulier l'opportunité de s'épanouir selon son propre rythme et sa propre mélodie. Laissez vos amitiés se développer naturellement. Ne forcez pas une relation à entrer dans un moule prédéfini. Soyez ouvert aux changements et aux évolutions.

Chapitre 9

CONSIDÉRER LES AMITIÉS EN LIGNE

Quand la rencontre se fait derrière un écran

ATTENTION

Des personnes malveillantes peuvent se cacher derrière certains comptes. Ces amitiés sont réservées aux adultes avertis.

Il y a quelques années, je traversais une période difficile. Je suis de nature réservée et j'avais du mal à me lancer dans des conversations profondes avec les autres, je ne savais pas trop vers qui me tourner. C'est à ce moment-là que j'ai croisé le chemin d'une personne très spéciale grâce aux réseaux sociaux. Manel et moi, nous nous sommes rencontrées sur Snapchat, au sein d'un groupe de filles. Nous avons échangé nos comptes Instagram via le groupe, et pendant la période difficile du COVID, nous avons commencé à discuter plus intensément. Je ne le savais pas à ce moment-là, mais ça allait être le début d'une amitié qui allait changer ma vie.

Notre discussion avait commencé d'une façon très simple : je lui avais écrit la première pour lui demander le titre d'une musique qu'elle avait partagée sur le groupe, et nos discussions étaient vite parties sur des sujets plus intimes. Elle me l'a avoué après coup, ce n'était pas sa première amitié en ligne et certaines ne s'étaient pas bien terminées. Elle était devenue très craintive à cause d'une rupture douloureuse qu'elle venait de vivre et elle se méfiait des nouvelles relations, amoureuses et amicales. Devait-elle s'ouvrir à nouveau ? De mon côté, je vivais aussi une période difficile. Est-ce que je pouvais lui faire confiance ? Manel a su créer un environnement chaleureux qui m'a incitée à me confier à elle, et j'ai su faire de même. Au fil des jours et des conversations, le lien entre Manel et moi s'est transformé en un échange profond et significatif. Nous sommes devenues bien plus que des amies virtuelles ; je suis devenue une confidente pour elle et elle, une alliée *précieuse pour moi face aux hauts et aux bas de la vie. Sa capacité à comprendre mes émotions, à écouter sans jugement et à m'offrir un soutien inconditionnel a créé un espace sûr où je pouvais être moi-même, vulnérable et authentique. Nous partagions nos joies et nos peines, nos rêves et nos craintes, construisant ainsi une amitié qui transcendait les barrières du virtuel.*

Cette amitié en ligne a ainsi évolué pour devenir un pilier essentiel dans nos vies, une source de réconfort et d'inspiration. Les écrans, loin d'être un obstacle, ont plutôt été un moyen de rapprocher deux âmes qui, autrement, n'auraient peut-être jamais eu la chance de se croiser. Après avoir longtemps communiqué en ligne, nous avons décidé de nous rencontrer en personne, malgré la distance. Notre première rencontre a eu lieu à Paris, en face du Musée du Louvre ! Il y en a eu de nombreuses autres, et nos familles se sont liées elles aussi, par la suite. Ce qui a commencé comme une amitié virtuelle s'est transformé en une connexion réelle et significative. La présence de Manel et son soutien pendant toutes ces années ont été comme un baume pour mon âme ; de son côté, elle m'a souvent répété que notre amitié lui avait permis de surmonter ses difficultés et l'avait accompagnée dans toutes les étapes cruciales de sa vie, de la fin de ses études à la rencontre avec son futur mari.

VOUS N'ÊTES PAS SEUL(E) !

Ce n'est pas parce qu'on ne voit pas les personnes qu'on ne peut pas créer de lien

Depuis plusieurs décennies, la technologie a pris une très grande place dans nos vies. Grâce aux réseaux sociaux notamment, nous avons la chance de pouvoir maintenir le contact avec nos proches éloignés géographiquement. Cependant, à mesure que l'influence d'Internet croît dans nos vies, on ne se limite plus seulement à « rester en contact ». Un *follow*, un *follow back*, et nous voilà en train de parler à une personne que nous ne connaissions pas du tout et avec qui nous pourrons, par la suite, nouer des liens forts d'amitié. Vous avez tous déjà entendu vos parents vous dire : « Attention aux amitiés en ligne, vous ne savez pas sur qui vous pouvez tomber. » Cette mise en garde est totalement légitime : il y a malheureusement des personnes mal intentionnées sur les réseaux. Mais il faut savoir faire le tri et, de mon côté, les plus belles amitiés que j'ai construites jusqu'à maintenant ont en grande partie commencé grâce à la magie des réseaux sociaux. Contrairement aux rencontres inattendues de la vie quotidienne, les amitiés en ligne naissent souvent d'une intention : on explore des profils, on recherche des personnes qui partagent nos centres d'intérêt, nos passions, nos valeurs. Dans cet espace numérique, la possibilité de se connecter avec des individus qui nous correspondent est beaucoup plus probable. Et puis, pour ceux d'entre nous qui sont naturellement timides, les amitiés en ligne offrent un terrain confortable pour échanger avec les autres. L'écran crée une barrière protectrice : il permet une approche progressive, sans la pression des interactions en face-à-face. Cela peut être particulièrement libérateur et favoriser des échanges plus authentiques et approfondis. Mais comment une amitié en ligne peut-elle devenir *une vraie amitié* ?

À mesure que nous avançons, la définition de l'amitié devient plus complexe. Que ce soit en ligne ou hors ligne, l'amitié implique le choix délibéré de répondre aux besoins émotionnels de l'autre. La longueur et la profondeur de cette connexion dépendent de la volonté de part et d'autre de partager, d'être ouvert et honnête, que l'on soit assis face à face dans notre café préféré ou que l'on échange des messages sur Instagram. Peu importe le moyen de communication, la base de l'amitié reste la même, évoluant avec le temps et l'expérience pour faire grandir la relation.

Les amitiés en ligne, tout comme les amitiés dans la vie réelle, présentent leurs avantages et leurs inconvénients. C'est une réalité que nous retrouvons dans toutes les formes de relations humaines. Il est alors essentiel de rester conscient des risques, tels que le manque de confidentialité ou la possibilité de rencontrer des personnes mal intentionnées. Quelles que soient nos actions, il y aura toujours des aspects positifs et des aspects négatifs, et il nous appartient d'être vigilants et de prendre des décisions réfléchies.

Les écrans ne sont pas un bouclier ! Ne vous précipitez pas

Les amitiés en ligne sont bel et bien réelles et si le « terreau » est le même que celui des amitiés « physiques » (partage, écoute mutuelle, authenticité), certaines différences sont néanmoins significatives. Dans le virtuel, la distance physique peut parfois être un obstacle pour partager des moments et se créer des souvenirs, mais elle permet aussi de se livrer très vite car il est souvent plus facile de s'ouvrir quand on ne voit pas l'autre. On pense que, comme on ne se voit pas « en vrai », ce qu'on dit n'aura pas d'impact, ce qui peut, paradoxalement, nous rendre vulnérable : ça ne vous est jamais arrivé de confier, en ligne, des choses que vous n'étiez pas encore prêt à partager « en direct » ? Ou de prendre votre téléphone à une heure du matin et vous confier un peu trop à quelqu'un alors que vous n'aviez pas les idées claires, puis le regretter au réveil ? C'est tentant et on l'a tous fait ! Parfois avec les bonnes personnes, et parfois avec les mauvaises. Il est donc important de se poser la question avant d'agir : « Ai-je la certitude d'être prêt à partager certains aspects de ma vie avec cette personne, parce que c'est elle et que je lui fais confiance ? » C'est une chose merveilleuse de se rendre vulnérable quand les personnes en face sont bienveillantes et là pour nous, mais il faut savoir construire cette relation de confiance avant de se livrer complètement, que ce soit en ligne ou hors ligne.

N'idéalisez pas l'autre et sachez rester vous-même

Dans le monde réel, il n'est pas facile de cacher ses défauts et ses coups de mou, mais en ligne, embellir sa vie se fait en un clic. Sur les réseaux sociaux, la vie des autres semble idéale :

on les voit à travers le spectre de moments soigneusement sélectionnés, ils montrent uniquement les aspects positifs de leur quotidien. Cela vaut aussi pour les amis en ligne, qui peuvent ne dévoiler qu'une partie superficielle de leur vie sur les réseaux tout en préservant les aspects les plus privés et intimes. Cette situation n'est pas exclusive aux amitiés en ligne, car même dans la vie réelle, les gens peuvent choisir de ne montrer qu'une partie de ce qu'ils sont ! Ne vous fiez pas uniquement à ce qui est posté et creusez les échanges. Il est essentiel de faire confiance à votre instinct pour évaluer l'authenticité de la relation.

Entre l'image que certains essayent de projeter à travers leur profil et l'identité « en ligne » qu'ils créent, il arrive que l'on idéalise l'autre et la relation que l'on a avec lui. Il est donc crucial (tout comme les amitiés physiques) de ne pas nourrir d'attentes irréalistes vis-à-vis des amitiés en ligne. Parfois, l'idéalisation des relations virtuelles peut entraîner des désillusions, car la réalité peut-être très différente de ce que l'on a projeté. Pour cultiver des amitiés en ligne enrichissantes, il faut comprendre comment fonctionne l'autre. Que vous échangiez avec des amis sur Instagram, Facebook, Snapchat, X (Twitter) ou d'autres plateformes en ligne, la qualité de vos interactions peut être aussi significative qu'avec des amis rencontrés en personne. L'essentiel est de savoir rester vous-mêmes, d'un côté comme de l'autre, et de ne pas faire semblant d'être quelqu'un que vous n'êtes pas. Les liens émotionnels que vous développerez avec vos amis virtuels, quelle que soit la manière dont vous les avez rencontrés, seront ainsi bien concrets.

TOUT VA BIEN !

Comment faire des rencontres en ligne ?

Il existe une certaine facilité à établir, en ligne, des connexions qui ne peuvent pas être reproduites hors ligne. Alors, profitez-en ! Si vous êtes timide, introverti, ou que vous avez tout simplement du mal à parler aux inconnus, grâce aux réseaux sociaux, faire le premier pas est devenu accessible à presque tout le monde. Cette accessibilité crée un environnement plus confortable pour entamer des discussions avec des personnes qui vous intéressent.

Commencez par choisir votre réseau social et repérez des comptes

Si vous n'êtes pas familier avec les réseaux sociaux, explorez les principaux (Instagram, TikTok, X, Discord ou Facebook) pour élargir vos possibilités de choix, et allez vers le réseau social que vous préférez : il faut que vous vous sentiez à l'aise sur la plateforme que vous décidez d'utiliser. D'abord, prenez votre temps et allez vers des comptes ou des profils dont les centres d'intérêt sont similaires aux vôtres. (Note aux plus jeunes : faites attention à certains comptes ! Ce sont des *fake* où des personnes malveillantes se cachent. Si vous remarquez un compte suspect, signalez-le et ne vous attardez pas dessus.)

Prenez contact avec les personnes qui ont les mêmes centres d'intérêt que vous

Une fois ce repérage fait, vous avez tout le luxe et la liberté de ne pas vous précipiter pour formuler précisément ce que vous souhaitez exprimer, que ce soit à travers un commentaire ou un message. Certains comptes ou forums facilitent vraiment les échanges : il suffit d'avoir un intérêt mutuel pour quelque chose ou quelqu'un et nous voilà intégré à un club en ligne ou à une fanbase. Selon les sujets, certains échanges évoluent rapidement vers des discussions assez intimes. Les questions de santé mentale, par exemple, sont un thème extrêmement présent sur les réseaux car beaucoup de gens se sentent plus à l'aise pour en parler en ligne et partager des aspects personnels d'eux-mêmes avec des personnes qui rencontrent les mêmes problématiques. Cela crée vite du lien. Contrairement à la vie réelle, où il peut être difficile d'aborder ces sujets par crainte du jugement, la communication en ligne offre une *safe place* où il est souvent plus facile de s'exprimer, et aussi d'en apprendre davantage sur quelqu'un en peu de temps.

Restez vous-même

Une fois les premiers échanges en ligne passés, un lien peut se créer. Mon conseil est de rester toujours honnête avec vous-même et avec l'autre sur ce que vous recherchez dans l'amitié. Il est important de vous connecter avec des personnes qui vous respectent et partagent vos valeurs. Que ce soit en ligne ou dans la vraie vie, soyez sélectif car vos amis sont des personnes qui doivent être là pour vous soutenir. Vous n'avez pas besoin de prétendre aimer quelque chose juste pour vous intégrer. Se faire de nouveaux amis est une opportunité passionnante pour révéler votre personnalité : utilisez les messages, les appels téléphoniques ou les vidéos pour apprendre à vous connaître. L'idée est de trouver des personnes avec qui vous pourrez créer des liens authentiques et sincères.

Utilisez tous les outils 2.0 à votre disposition pour rendre votre amitié unique

Paradoxalement, les réseaux sociaux offrent souvent une expérience de rencontre plus immersive que la réalité car ils permettent de plonger directement dans la vie de l'autre à travers ses partages quotidiens. En ligne, on peut avoir un aperçu instantané de ce que quelqu'un pense, aime et vit. Les relations sur les réseaux sociaux mettent l'accent sur le dialogue, l'expression de soi et l'écoute mutuelle. La possibilité de partager des idées, des photos, des vidéos et d'autres contenus peut favoriser une compréhension plus profonde de l'autre. On découvre des aspects uniques de sa personnalité à travers les contenus qu'il choisit de partager avec nous.

Les émotions que je ressens dans mes amitiés en ligne sont vraiment intenses - parfois même plus fortes que celles de la vraie vie. On donne énormément à travers les échanges quotidiens et on peut même créer des habitudes ensemble : instaurer un appel tous les mercredis soirs pour se raconter nos journées, envoyer des messages simples toutes les semaines, sans raison apparente, juste parce que la personne nous manque… Le COVID a modifié en profondeur notre rapport aux autres et j'y vois quelque chose de très positif quand il s'agit des amitiés en ligne. Même derrière nos écrans, on arrive à créer des liens profonds qui nous font partager des moments forts et traverser des épreuves ensemble. La seule difficulté réside dans le manque de contact physique car il arrive toujours un moment où l'on a envie de passer du temps avec la personne et de la prendre dans nos bras, mais rien n'empêche, comme nous l'avons fait Manel et moi, d'organiser des moments où l'on se rencontre et où l'on crée d'autres types de souvenirs, ensemble.

Chapitre 10

TROUVER SON ANCRAGE DANS L'AMITIÉ FRATERNELLE

Quand l'autre est tellement proche qu'il est comme de sa famille

Parmi les nombreuses anecdotes que mon ami Rafael m'a racontées au fil des années, son histoire avec Lucas, son ami d'enfance, a toujours eu une place spéciale dans mon cœur. Rafael était un petit garçon timide et discret, presque invisible. Un jour, dans la cour de récréation de l'école primaire, un enfant de son âge, passionné de judo, lui propose de s'entraîner avec lui. Rafael accepte, ils tentent quelques prises ensemble, et ce rituel deviendra le leur durant plusieurs semaines. Ces petits moments simples, partagés ensemble, marquent le début d'une amitié entre Rafael et Lucas qui ne ressemblera à aucune autre.

Très vite, les deux garçons passent leur temps ensemble et les mères commencent elles aussi à se voir entre elles à force d'emmener les fils l'une chez l'autre. Elles ont des valeurs communes et, sans vraiment s'en rendre compte, elles transmettent les mêmes choses à leurs enfants. Les deux familles se rapprochent, partent en vacances ensemble... Rafael et Lucas passent tellement de temps ensemble qu'ils commencent à se ressembler physiquement, ont les mêmes expressions de visage.

En grandissant, les deux garçons ont parfois du mal à interagir avec les autres enfants de leur âge à cause de leur trop grande timidité. Intégrer un groupe de garçons ? Parler avec une fille ? Ces actes, simples pour beaucoup, représentent pour eux une montagne à gravir, avec une série de défis redoutables. D'abord, la crainte paralysante d'ouvrir la conversation avec d'autres ; puis, une fois cette étape affrontée, celle de dire quelque chose *de mal, de ne pas savoir quoi dire du tout ou – pire encore ! – de bafouiller au point d'en devenir ridicules et de finir par se faire rejeter. Ils ressentent également cette pression intense de réussir à paraître cools, confiants et intéressants aux yeux des autres. Entre eux, ils ont un nom de code pour désigner pudiquement cette timidité contre laquelle ils luttent et qui les empêche de s'adapter pleinement à leur environnement : « la maladie ». Au lieu de les séparer, cette timidité va paradoxalement les rapprocher. Rafael et Lucas se sentent en décalage avec les autres mais ensemble, ils créent un monde à eux. Ils affrontent chaque défi, chaque moment d'incertitude main dans la main, comme des frères. Ils se soutiennent mutuellement, partagent leurs peurs et leurs espoirs dans les moments les plus difficiles. Ils ne craignent pas d'être eux-mêmes et se comprennent. Ils s'acceptent comme ils sont sans avoir à se justifier. Avec le temps, ce lien puissant et ce soutien mutuel les ont aidés à grandir et se dépasser.*

Rafael m'a avoué avoir une confiance inébranlable en Lucas. Ils savent tous les deux que leur lien dépasse la simple connexion amicale. Ce qu'ils partagent est tellement intense que Rafael en a la certitude : Lucas sera toujours dans sa vie, jusqu'au bout. En reparlant de ces moments, Rafael et moi sommes arrivés à la même conclusion : certaines amitiés peuvent être tellement puissantes qu'elles s'assimilent presque à un lien familial. Et encore aujourd'hui, le lien entre ces deux frères de cœur reste plus fort que jamais.

VOUS N'ÊTES PAS SEUL(E)

Attention à la tentation du vase clos !

L'amitié est un lien platonique très fort qui se base sur un choix. On choisit d'aimer quelqu'un pour ce qu'il est et il arrive parfois que cet amour s'intensifie avec le temps. À force de se côtoyer, la connexion devient tellement forte, on connaît tellement l'autre que le lien amical devient presque un lien familial. Cette transformation est souvent le fruit d'échanges profonds et de nombreuses expériences partagées. Dans ces amitiés fraternelles ou sororales, il n'est pas rare que l'on évolue avec l'autre et que cette évolution ne soit pas qu'affective. Dans le cas de Rafael et Lucas, ils se ressemblaient tellement en grandissant qu'on les prenait souvent pour des frères de sang. Lorsque deux amis sont aussi intimes que des frères et sœurs et partagent tout, y compris leur environnement familial, cela peut influer sur leurs mimiques car ils reproduisent inconsciemment les mêmes modèles. En passant du temps ensemble, Rafael et Lucas ont fini par avoir les mêmes expressions faciales et interactions sociales, ainsi que des traits physiques étrangement similaires. Quant aux traits de caractère, là encore, les points communs sont notables entre les deux familles, qui prônaient des valeurs et une éducation très semblables. C'est certainement cela qui a rapproché les deux amis au départ (on va toujours plus instinctivement vers ce qu'on connaît) et cette ressemblance n'a fait que se renforcer au fil du temps.

Ce type d'amitié est rare et précieux. Néanmoins, il peut faire peur car on peut être tenté de rester dans sa zone de confort, dans ce qui nous ressemble, et d'évoluer en vase clos, à deux. Cela n'a pas été le cas de Lucas et Rafael. Malgré leur timidité, ils ont fait l'effort de s'ouvrir aux autres et se sont entraidés pour arriver à créer des liens autres que le leur. Ils se sont appuyés sur la force de leur lien fraternel pour se dépasser ensemble. Si vous avez la chance de vivre ce type de relation, ne restez pas fermés ; allez vers ce que vous ne connaissez pas avec l'autre. Vous ne le regretterez pas.

L'amitié peut-elle exister en dehors des familles de chacun ?

Les amitiés fraternelles se distinguent souvent des autres types d'amitié par leur durabilité et leur stabilité. Il n'est pas rare, dans ce genre d'amitié, que les familles respectives des deux amis se rapprochent, ce qui permet de donner une assise plus solide à la relation. La bonne entente entre tous crée en effet un environnement où chacun se sent accueilli et soutenu. Cela peut se traduire par des célébrations de fêtes religieuses ou d'événements culturels, des fêtes d'anniversaire tous ensemble ou des entrevues régulières pour partager des moments de convivialité. Cela favorise une connexion plus intime et plus dense entre les amis eux-mêmes, qui partagent désormais non seulement leur amitié, mais aussi leur vie familiale et leurs traditions. Le soutien mutuel entre les membres des deux familles offre un sentiment d'appartenance à une communauté, renforçant la loyauté des deux amis l'un envers l'autre. Rafael m'a confié que lorsqu'un cancer a été diagnostiqué chez la mère de Lucas, cette épreuve difficile a été traversée par les deux familles. Étant aussi proche de la mère de son ami que de sa propre mère, il a partagé le fardeau émotionnel de son frère de cœur. Mais ces amitiés seraient-elles aussi fortes sans le lien entre les familles ? Bien sûr, ce lien renforce la relation, mais il n'est pas un critère incontournable. Il est tout à fait possible de créer des liens fraternels avec ses amis sans pour autant être proche de leur famille. Car certaines personnes peuvent ne pas s'entendre avec leur propre famille et recréer avec l'autre un lien familial choisi. Cela n'empêche pas la relation d'être aussi forte.

Protéger avant tout

Dans les amitiés fraternelles, la notion de protection est essentielle : il y a une dynamique particulière où l'un devient le pilier de soutien de l'autre lorsque celui-ci est affaibli ou vulnérable. Selon les besoins spécifiques de chaque ami et la nature de leurs épreuves, la protection peut se manifester de différentes manières. Parfois, elle se traduit par des actions concrètes comme préparer à manger, accompagner l'ami dans ses démarches administratives ou simplement lui tenir compagnie dans le silence. D'autres fois, elle se manifestera à travers des paroles réconfortantes, des encouragements sincères et des gestes d'affection. Cette protection n'est pas nécessairement répartie équitablement et de façon régulière dans le temps ; elle est plutôt flexible et adaptable en fonction des besoins de chacun. Lorsque l'un des amis se trouve à un faible niveau d'énergie, que ce soit physiquement ou mentalement, l'autre devient ainsi le roc sur lequel il peut s'appuyer. Cette protection va au-delà des mots ou des gestes ; c'est une présence constante qui enveloppe l'autre dans un cocon de sécurité. Lorsque Lucas était à 10 % de son énergie et de son bien-être mental, Rafael m'a confié qu'il était toujours avec lui. Il prenait le relais dans les tâches quotidiennes, il lui offrait une écoute attentive et sans jugement et il tentait d'apporter des solutions pratiques pour soulager le fardeau de son ami. Il était constamment là physiquement pour rappeler à Lucas qu'il n'était pas seul dans cette lutte et qu'il pouvait compter sur lui en toutes circonstances.

Lorsque l'on pense au mot « protection », on imagine l'autre devenir le bouclier de son ami afin que rien ne puisse l'atteindre. C'est une très belle image et une attitude généreuse, mais attention à ne pas s'oublier. Car si vous portez trop, vous allez vous-même perdre en énergie et serez incapable de supporter l'autre. Si cela vous arrive, n'hésitez pas à vous accorder des petits moments de pause de temps en temps pour vous ressourcer. Vous serez ainsi plus en forme pour mieux soutenir votre ami et être là pour lui.

TOUT VA BIEN !

La protection mutuelle entre deux frères ou sœurs de cœur repose sur une confiance mutuelle inébranlable et une profonde empathie. Chacun sait qu'il peut se reposer sur l'autre dans les moments les plus sombres, que leur lien est un rempart contre les tempêtes de la vie. Cela peut être perturbant quand on n'a pas l'habitude de ce type de relation. Alors, lâchez prise et laissez-vous aller !

Savoir profiter de la sérénité qu'apporte une amitié fraternelle

Il n'est pas donné à tout le monde de pouvoir avoir une confiance aveugle en quelqu'un. Si cela vous arrive, profitez de cette tranquillité que procure l'amitié fraternelle et soyez-en reconnaissant ! Dans une relation de ce type, entière, on ne se demande pas si l'autre sera là quand ça va mal, on le sait. C'est une sorte de certitude rassurante qui permet de se détendre complètement. On n'a pas besoin de se questionner sur cette amitié : elle est là, comme une montagne, prête à nous soutenir à tout moment. Grâce à cette relation fortement empreinte d'empathie, il n'y a, souvent, même pas besoin de mots pour se faire comprendre. Je suis frappée, à chaque fois que je vois Lucas et Rafael ensemble, de constater à quel point ils parlent peu de choses intimes. Mais comme ils se connaissent depuis l'enfance, il est très facile pour eux de comprendre quand quelque chose ne va pas chez l'autre. Une mimique, un geste, une intonation… tous ces petits signes sont pour eux transparents.

PUDEUR VS INJONCTIONS SOCIALES

Lucas et Rafael sont des personnes plutôt calmes. Pendant longtemps, ça n'a pas été facile pour eux de s'intégrer dans un environnement social qui favorise l'extraversion. En tant que garçons notamment, on considérait qu'ils devaient prendre de la place, faire du bruit, s'affirmer. Pourtant, la relation qu'ils ont construite est à la fois forte et pudique : peu de paroles intimes échangées (on se souviendra de l'image de la « maladie » qu'ils utilisaient entre eux comme un code secret), peu de gestes tactiles, beaucoup de discrétion… et pourtant, aucun des deux n'a jamais douté de la puissance de l'autre et de leur lien solide. Contrairement à ce que laissent à penser les injonctions sociales, les personnes pudiques peuvent parfois faire preuve d'une bien plus grande force que celles qui se donnent en spectacle.

Apprendre à se dépasser grâce à l'autre

Dans une amitié fraternelle, chacun des deux amis va puiser sa force dans le lien unique qui existe. Grâce au soutien inconditionnel de l'autre, ils vont trouver la motivation nécessaire pour donner le meilleur d'eux-mêmes. Rafael m'a même confié que, pour combattre leur timidité, ils avaient décidé de s'inscrire ensemble à la salle de sport afin de s'aider mutuellement à reprendre confiance en eux. Dans ce cas de figure, il n'y a de place ni pour la jalousie ni pour la compétition ; les deux amis se sont concentrés sur leur bien-être commun. Le succès de l'un devient le succès de l'autre. On sait que, si l'autre a été capable de réussir, on peut y arriver aussi. Dans cette relation, chaque victoire de l'un est célébrée comme une victoire commune, et chaque échec est surmonté ensemble. C'est dans cette atmosphère de soutien mutuel que Lucas et Rafael ont puisé la force nécessaire pour repousser leurs limites, réaliser leurs rêves et atteindre leurs objectifs les plus ambitieux. En se soutenant l'un l'autre de manière désintéressée, ils ont découvert que le véritable succès réside dans le fait de grandir et de s'épanouir ensemble.

Retrouver une famille dans l'autre

Pour certaines personnes, malheureusement, les liens familiaux ne sont pas toujours solides ou présents. Il arrive qu'on ait été élevé dans un environnement familial instable ou abusif (difficultés financières, violences, divorce, conflit...) et que cette structure manque à notre vie. Grâce aux amitiés fraternelles, il est possible de retrouver une famille dans ses amis (qu'eux-mêmes soient proches ou non de leur famille biologique). Cette famille choisie peut être tout aussi importante, voire plus, que la famille de sang. C'est comme un nouveau pilier dans sa vie, un refuge lors des tempêtes, un endroit où l'on se sent accepté, aimé mais surtout, en sécurité. Dans cette famille choisie, on peut trouver l'amour, le soutien et le réconfort dont on a besoin et cela peut vraiment transformer notre vie. Nous ne sommes pas seuls.

Chapitre 11

FAIRE FACE À UNE RUPTURE AMICALE

Quand nos amis nous brisent le cœur

Février 2019. Je me tiens au milieu d'un fast-food bruyant et animé, en train d'attendre mon tour pour commander. De façon insouciante, mes yeux se baladent d'une personne à l'autre autour de moi quand soudain, je me fige. C'est un choc. Lucie et Clara sont installées à une table, leurs regards évitent le mien. Elles ont décidé de se voir sans moi, et ce n'est pas la première fois. Des pensées se bousculent dans ma tête et, une fois ma commande prête, je m'efforce d'aller rejoindre d'autres amis installés à une table sans faire plus attention aux deux filles. Tout en essayant de masquer ma vulnérabilité derrière un sourire forcé, je me demande comment nous en sommes arrivées là. Les rires fusent autour de moi mais mon cœur, lui, est en miettes. Je m'efforce de participer, de sourire, de partager des plaisanteries, mais mes pensées vagabondent constamment vers l'image de celles que je pensais être mes deux meilleures amies, qui sont assises à distance et évitent soigneusement mon regard. Mon sourire se fige quand j'aperçois Lucie se lever et sortir du restaurant toute agitée ; il s'efface carrément quand Clara s'approche de ma table. Je ne peux m'empêcher de ressentir un malaise, une aura de faux-semblant entre nous. Les salutations et les expressions de camaraderie sonnent creux ; je suis tiraillée entre une politesse de surface et ma perplexité intérieure : « Qu'est-ce qu'elle me veut ? », me dis-je. Elle se lance alors dans un monologue où elle prend toute la place, sans que j'aie mon mot à dire. Mon esprit en ébullition oscille entre la déception, l'indignation et le choc. « Tu attends trop de nous. Tu es mal en ce moment, oui, mais on ne va pas toujours être là pour toi. Nous aussi on a notre vie. On est sorties plusieurs fois sans toi avec Lucie parce que l'occasion s'est présentée mais bon, t'as compris, je vais pas m'étaler… et en plus, tu ne m'as même pas demandé comment ça se passait entre Paul et moi, je te trouve vraiment égoïste. » Je suis restée muette, incapable de prononcer le moindre mot. Il y avait du vrai là-dedans : cela faisait un moment que je traversais une période difficile, une période où j'avais vraiment besoin de soutien de la part de mes amies. Ce besoin était tellement profond qu'il avait fait de moi quelqu'un de vide et dépendant. Et malheureusement, mes amies n'y avaient jamais répondu, en aucune façon. Je souhaitais les voir, mais cette envie n'était pas réciproque. Je n'ai rien répondu à Clara mais, dans un élan pour éclaircir la situation et apaiser le malaise qui s'était installé, j'ai décidé de sortir pour aller retrouver Lucie. Une part de moi se sentait coupable, pensant qu'elles avaient raison, que je leur en demandais sûrement trop. Mais dès que j'ai approché Lucie, elle s'est retournée et a commencé à s'acharner sur moi avec une intensité inattendue. Sous le coup de la colère et de toutes les émotions que je ressentais, je lui ai retourné des reproches avec une intensité similaire. La communication avait cédé la place à une tempête de mots blessants, transformant nos échanges en un duel sonore où seules la frustration et l'incompréhension avaient leur place. Clara est arrivée au volant de sa voiture et a invité Lucie à monter ; les deux amies ont échangé un regard complice avant de quitter les lieux avec hâte, laissant derrière elles un nuage de tension. Elles m'ont plantée là, seule, sans explications ni réponses, regardant les larmes qui ne cessaient de couler sur mon visage pendant que la voiture s'éloignait. En rentrant chez moi, j'ai reçu un long et lourd message de la part de Clara, qui ne semblait pas s'être calmée, et quelques jours plus tard, un message à peu près similaire de Lucie. Confrontée à cette avalanche de critiques injustifiées, et souhaitant éviter toute implication supplémentaire dans cette relation, j'ai pris la décision de les bloquer et de les supprimer de ma vie. Car je le savais. Au moment où j'ai observé la voiture s'éloigner, mon *cœur avait pris conscience que c'était la fin de notre amitié, que la rupture était désormais devenue une réalité inévitable. Le moment où elles ont disparu a marqué le point final de notre chapitre commun.*

VOUS N'ÊTES PAS SEUL(E)

Oui, les chagrins d'amitié existent !

On ne s'attend jamais à avoir le cœur brisé. On a beau l'anticiper, lorsque cela arrive, aucun mot n'est assez fort pour exprimer sa douleur. C'est comme si une partie essentielle de soi était endommagée, laissant derrière elle une souffrance qui va au-delà de tout ce qu'on a pu imaginer. Souvent, on parle de cette douleur pour les relations amoureuses, mais c'est aussi une réalité en amitié. La rupture amicale, dont on ne parle quasiment jamais, n'est pas facile à vivre et on a tendance à sous-estimer les émotions profondes qu'elle engendre. La douleur n'est pas reconnue, ou on lui prête moins d'importance car les relations entre amis sont censées être légères, comme si ce n'était qu'un bonus dans notre vie. Elles sont synonymes de joies et de bons moments dans l'inconscient collectif ; les facettes sombres de ce type de relation sont donc rarement mises en lumière. De mon côté, j'ai eu énormément de mal à trouver des personnes témoignant d'expériences similaires à l'époque, et il était essentiel pour moi d'écrire ce chapitre. Cette épreuve est bel et bien réelle, votre esprit ne l'imagine pas.

La douleur est bien là mais on n'en parle pas : c'est une double peine

Le manque de reconnaissance des ruptures amicales a eu un impact profond sur ma vie émotionnelle. Je m'étais trouvée dans une situation que peu de personnes comprenaient, et cette expérience spécifique a fini par engendrer une solitude affective supplémentaire. Partager mes sentiments avec d'autres personnes était difficile car l'absence de compréhension et d'acceptation de ce type de vécu compliquait la communication autour de cette réalité, dont les impacts sont souvent minimisés. Cette sous-évaluation influençait encore plus la perception que j'avais de ma douleur et accentuait mon sentiment d'isolement émotionnel. L'absence de partage autour des ruptures amicales avait fini par ajouter une couche de complexité à ma propre guérison. Et le manque de modèles pour naviguer à travers cette épreuve a rendu ma reconstruction d'autant plus difficile. À l'époque, je ne savais même pas que les ruptures amicales pouvaient être considérées comme quelque chose de douloureux. La crainte de donner l'impression d'être ridicule me retenait et le terme de *rupture amicale* lui-même ne me serait jamais venu à l'esprit. Tout ce que je constatais, c'était que la relation avec mes meilleures amies avait cessé d'exister et qu'une douleur profonde me serrait le cœur.

Pourquoi les ruptures amicales peuvent faire aussi mal que les ruptures amoureuses

Je pense que l'une des choses les plus tristes à vivre, c'est lorsque deux personnes apprennent à se connaître intimement, deviennent très proches, puis deviennent soudainement étrangères l'une pour l'autre après une rupture. Il n'y a pas plus amer que de devoir essayer d'oublier quelqu'un qu'on pensait garder dans sa vie pour toujours. On s'attendait à marcher main dans la main avec cette personne indéfiniment, à partager nos rêves, nos joies, et nos peines... mais un jour, on réalise que nos chemins ne peuvent pas aller dans la même direction et qu'il faut se séparer. Les complices de toujours finissent alors par devenir des étrangers. Lorsqu'une relation amoureuse échoue, il y a souvent un point final. Vous arrêtez d'avoir des relations intimes, vous cessez de vous parler ou alors vous mettez fin à la cohabitation si vous viviez ensemble. Il y a même parfois un protocole (divorce, etc.), aussi douloureux soit-il, qui officialise la séparation et c'est souvent quelque chose auquel on peut se raccrocher. Mais il n'y a rien de tout cela lorsque les amitiés s'arrêtent. Comme s'il n'y avait rien à démêler. Après avoir vécu la perte de mes meilleures amies, j'en suis donc venue à une conclusion : les ruptures amicales sont aussi difficiles que les séparations amoureuses.

J'ai compris à quel point je m'engageais émotionnellement dans mes amitiés. Je le faisais non seulement pour le bien-être de mes amis, mais aussi parce que cela me procurait du bonheur. La rupture amicale signifiait me retrouver seule, avec ce satané sentiment d'abandon. Cela créait un vide émotionnel semblable à celui d'une séparation amoureuse, avec un fort manque. Tout le monde nous apprend comment faire face aux ruptures amoureuses, mais qui nous guide pour surmonter les ruptures amicales ?

C'est normal d'avoir peur d'être de nouveau vulnérable

Ce n'est pas étonnant qu'après ce genre d'épreuve, on ait peur de redevenir vulnérable. Nous investissons notre énergie, notre cœur et notre âme dans une relation qui finira par nous être retirée. On nous a appris que les amitiés sont censées durer toute une vie... et la désillusion peut être rude. En ce qui me concerne, la douleur s'est progressivement apaisée mais les souvenirs restent. J'ai toujours une image de mes anciennes meilleures amies dans ma tête. Aujourd'hui, les informations que je retiens d'elles sont toujours bien présentes, même si elles ont moins de valeur affective. Par exemple, je suis encore consciente de l'affection profonde que Clara portait à son chat, du réflexe de Lucie qui couvrait automatiquement sa bouche avec sa main à chaque fois qu'elle rigolait, ou encore de la façon particulière dont Victoria (voir chap. 7) adorait manger ses biscuits Oreo. Je me souviens toujours de leur date d'anniversaire. Chaque année, lorsque cette journée particulière arrive, mes pensées se tournent brièvement vers elles, durant quelques instants, quelques secondes, avant de s'effacer, comme si ces informations n'avaient plus leur place dans mon esprit.

Il y a quand même ce paradoxe que j'ai encore et toujours du mal à éclaircir : on se sépare de nos amis mais on ne s'éloigne pas pour autant complètement d'eux. C'est comme si cette séparation avait un début mais ne connaîtrait jamais réellement de fin. Je m'en souviendrai, encore et toujours. Car comment peut-on passer du « J'ai trop hâte de grandir à tes côtés et d'être présente à chaque instant de ta vie » à « Merci pour tout, j'espère que tu auras tout ce que tu veux dans la vie mais je ne veux plus jamais entendre parler de toi » ? Et surtout, comment peut-on expliquer ce phénomène ? Le chagrin qui accompagne la décision de rester ferme sur la rupture amicale n'est pas simple non plus, mais il est absolument nécessaire si l'on veut avancer vers de nouveaux horizons.

Vous pouvez y arriver !

Au début de ma rupture, la douleur a été aiguë. C'était le genre de blessure qui provoquait des pleurs jusqu'à 2 heures du matin ; je m'endormais les yeux gonflés, le nez bouché. Une blessure qui me suivait partout, ravivant les souvenirs partagés dans des endroits spécifiques que je voyais. Une douleur qui me faisait douter de mon importance. Mais j'ai tiré une leçon de tout cela : je ne pouvais pas avoir d'attentes. Je ne pouvais pas espérer que les gens m'aiment de la même manière que je les avais aimés, avec la même intensité. C'était une vérité triste, mais importante. Même si je partageais de multiples connexions avec mes anciennes amis, cela ne garantissait pas nécessairement qu'elles étaient destinées à perdurer. J'étais fatiguée d'être d'accord avec des choses qui n'étaient pas bonnes pour mon bien-être.

Au fil du temps, en prenant conscience de cela, la douleur s'est atténuée. J'ai commencé à comprendre pourquoi elles avaient agi ainsi. J'ai aussi appris que les personnes que je croiserais ne resteraient pas toutes indéfiniment dans ma vie. Certaines seraient des amies éphémères, présentes pour m'enseigner des leçons spécifiques, m'aider à travers différentes expériences et émotions, à grandir, voire à mieux m'aimer. D'autres seraient difficiles à remplacer. Il était essentiel d'apprendre à accepter la nécessité de laisser partir Lucie et Clara, même si cela ne correspondait pas à mes souhaits.

Ma mère me disait toujours : « *Tu dois t'aimer avant tout, avant d'aimer quelqu'un d'autre. Et lorsque cette personne te donnera le même amour que celui que tu te donnes, c'est là que tu sauras que tu as trouvé une vraie amie.* » Et elle avait raison.

ÇA VA ALLER !

Comprenez les différents types de ruptures amicales pour mieux y faire face

Il existe plusieurs genres de ruptures amicales ; chacune comporte sa propre complexité et nous affecte à sa façon. Elles sont toutes aussi difficiles à gérer car elles présentent des défis uniques qui engendrent une variété de mal-être émotionnel. Les ruptures découlant de conflits peuvent être marquées par des émotions vives, tandis que celles résultant d'une distanciation émotionnelle peuvent créer une douleur plus subtile, mais tout aussi poignante. Les ruptures liées à des événements spécifiques peuvent apporter un choc soudain et inattendu. Ainsi, chaque type de rupture amicale apporte son lot de challenges émotionnels et psychologiques, rendant le processus de guérison aussi unique que la relation qui a pris fin. Je vois trois grandes catégories de ruptures amicales.

Les ruptures conflictuelles

Les ruptures amicales qui se terminent brutalement font souvent suite à un conflit. Il est assez délicat d'y faire face. La trahison, qu'elle soit intentionnelle ou non, brise la confiance et fragilise l'amitié. Des désaccords constants sur des sujets importants, le manque de soutien émotionnel, la jalousie, la compétition, une communication défaillante… sont de multiples causes possibles de la rupture. Ils mettent en lumière la nature souvent abrupte et douloureuse de ce type de relation. Ce qui rend ces ruptures encore plus difficiles, c'est qu'elles arrivent généralement sans qu'on s'y attende. On est pris au dépourvu, on ne remarque pas les signes annonciateurs, ce qui rend la chute d'autant plus brutale. Elles surgissent comme un choc inopiné dans une situation qui semblait calme, créant un sentiment de trahison soudaine. Il devient alors compliqué de comprendre ce qui a conduit à la fin de l'amitié et la relation finit par se transformer en blessure profonde et inattendue.

Les ruptures naturelles

Ce genre de rupture se manifeste par une diminution progressive de l'engagement ; les amis s'éloignent l'un de l'autre au fil du temps. Cette évolution peut résulter de divers facteurs tels que des évolutions personnelles, des changements de priorités ou une vision de la vie différente. Dans le contexte amical, elle se traduit par une diminution de la fréquence des interactions, une communication moins profonde et un manque d'investissement dans la relation, sans nécessairement de disputes ou de conflits évidents. La rupture de l'amitié découle d'un changement naturel, sans être précédée d'une décision brutale – par exemple, des amis peuvent réaliser que leurs chemins de vie prennent des directions différentes, que leurs centres d'intérêt évoluent ou que la dynamique de l'amitié change au fil du temps. Elle résulte de cette acceptation progressive, sans nécessiter un processus de détachement émotionnel préalable.

Les ruptures silencieuses

Dans le cas des ruptures naturelles, il n'y a pas de heurt et personne n'est blessé car les deux amis sont tacitement d'accord, évoluant dans des directions différentes. Ce n'est pas le cas des ruptures silencieuses, qu'on peut aussi appeler *ghosting*. Le *ghosting* consiste à ne plus répondre à une personne. Cela peut être extrêmement brutal pour la personne à qui on ne répond pas ; elle peut le vivre comme une expérience dévastatrice et émotionnellement difficile car l'autre disparaît soudainement sans donner d'explication. L'ami qui est *ghosté* est laissé dans la confusion et peut se poser tout un tas de questions telles que : « Qu'est-ce que j'ai fait de mal ? », « Pourquoi il/elle ne me parle plus ? », « Est-ce qu'il lui est arrivé quelque chose ? » Tous les scénarios sont possibles… Ce type de réaction sape la confiance et la sécurité émotionnelle de l'ami *ghosté*. Cette personne va se remettre en question et repenser à chaque interaction passée pour trouver la cause de la rupture. Ironiquement, certaines personnes peuvent *ghoster* par peur de blesser l'autre en lui expliquant les raisons de leur départ. Elles pensent peut-être qu'en disparaissant silencieusement, elles évitent de causer plus de douleur. Mais nous ne le redirons jamais assez : la communication est essentielle ! Il vaut mieux partager avec l'autre ce qu'on lui reproche et essayer de trouver des solutions plutôt que de le confronter au silence.

Mon kit de survie en cas de rupture amicale

Quand une amitié prend fin, je crois qu'il est essentiel de considérer l'autre comme quelqu'un qui a fait partie de votre vie à un moment donné. Il a joué un rôle important, il a été là à sa façon et il a apporté quelque chose de précieux à votre existence. Sa présence était destinée à être temporaire, mais il est important de célébrer les moments partagés et de les laisser partir. D'autres amis viendront, prêts à marcher à vos côtés. Même si certaines amitiés prennent fin, cela ne diminue en rien l'impact qu'elles ont eu sur vous et sur votre vie. Comprendre cela aide à s'apaiser.

Donnez-vous de l'espace

Il est crucial, pour surmonter une rupture amicale, d'accorder à vos émotions l'espace nécessaire pour se manifester. Exprimez votre tristesse, votre colère ou votre confusion de manière honnête. Ne sous-estimez pas l'importance de communiquer avec les personnes qui vous entourent, partagez ce que vous ressentez et acceptez le soutien de votre réseau social. Prenez soin de votre bien-être émotionnel tout en reconnaissant que la guérison nécessite du temps et de la compréhension. Et non, vous n'êtes pas ridicule d'être mal après avoir vécu une rupture amicale. Croyez-moi, vous n'êtes pas tout(e) seul(e) !

Tenez un journal pour vous aider à avancer

Quand vous serez prêt, écrivez de façon honnête et détaillée ce qui s'est passé lors de la rupture amicale. Relatez avec précision les circonstances, les événements et les conversations qui ont eu lieu. Notez les personnes qui étaient présentes et ce qu'elles ont fait ou dit. Ces écrits permettent de faire ressortir les émotions et les pensées qui ont accompagné la rupture. Indiquez aussi ce que vous auriez aimé qu'il se passe. Qu'est-ce qui aurait pu être différent ? Quels étaient vos espoirs pour la relation ?

Puis mettez des mots sur ce que vous ressentez : est-ce de la tristesse ? de la colère ? de la confusion ? autre chose ? Cela va vous permettre de valider vos ressentis, de les légitimer, mais aussi de vous en libérer. En faisant cela, vous allez éviter de vous laisser engloutir par un trop plein d'émotions accumulées.

Puis énoncez les raisons pour lesquelles il est difficile pour vous de passer à autre chose. Enfin, énumérez les étapes concrètes pour mettre en place des choses qui vous aideront à avancer et à surmonter la rupture. Cela peut passer par la recherche de soutien auprès d'amis ou d'un thérapeute ; cela peut aussi être le fait de vous recentrer sur vous-même.

Faites le point sur vos autres amitiés

Vous pouvez également engager une réflexion profonde sur vos autres relations amicales. Prenez le temps d'évaluer la santé et les limites de ces liens. Assurez-vous de communiquer clairement vos besoins émotionnels et d'établir des barrières saines. Cette étape contribue à maintenir l'équilibre dans vos autres amitiés, prévenant ainsi une répercussion négative de la rupture sur l'ensemble de votre réseau social.

N'oubliez pas que vous méritez toujours de retrouver une amitié profonde et sincère

Enfin – et, je le sais, ce n'est pas toujours l'étape la plus facile –, rappelez-vous constamment votre propre valeur. La perte d'une amitié ne diminue en rien votre dignité ou votre capacité à établir des liens significatifs. Soyez ouvert aux nouvelles rencontres, permettez-vous de tisser des liens avec d'autres personnes et souvenez-vous que vous méritez d'être entouré d'amis qui apprécient votre authenticité. Garder une perspective positive sur l'avenir peut vous aider à surmonter les difficultés liées à une rupture amicale.

Chapitre 12

APPRENDRE À FAIRE LE DEUIL D'UNE AMITIÉ

Quand on a du mal à avancer

Juin 2019. Voilà trois mois que je sortais de ma « rupture amicale ». Une de plus. La journée était belle, je tentais tant bien que mal de vivre l'instant présent. Assise sur le banc d'un parc, j'essayais de profiter du soleil. Mes doigts jouaient distraitement avec les pages d'un livre que j'avais emporté avec moi pour m'immerger dans son histoire, mais les souvenirs de mes amitiés passées se faufilaient encore dans ma tête. Coincée dans ce labyrinthe, j'essayais de comprendre pourquoi je n'arrivais pas à reposer mon esprit, en prise avec des pensées chaotiques.

J'ai alors pris mon téléphone pour confirmer un rendez-vous avec une personne que j'avais récemment rencontrée. Il m'avait fallu plusieurs semaines avant d'accepter ce rendez-vous, car depuis les derniers événements, je sortais rarement de chez moi. C'était un pas vers l'inconnu, une tentative de me reconstruire en allant vers du neuf. Pourtant, en écrivant le message, je sentais déjà une réserve subtile, une hésitation à me livrer pleinement à cette nouvelle connexion. Je me rendais compte qu'une nouvelle amitié était un chemin délicat à arpenter. Même si nos échanges étaient légers, une once de méfiance persistait en moi. L'écho des échecs de mes anciennes amitiés résonnait encore dans ma tête et à force de l'entendre, une barrière émotionnelle que je n'arrivais pas tout à fait à surmonter s'était forgée. Chaque échange avec ma nouvelle amie, même s'il était à travers un écran, était teinté de la peur silencieuse de revivre la douleur de la perte. Je sentais constamment en moi le poids des cicatrices du passé. Ouvrir mon cœur à nouveau, c'était comme marcher sur un fil tendu au-dessus d'un abîme d'incertitude. Ma *confiance avait besoin d'être reconstruite lentement, comme un puzzle dont les pièces s'étaient éparpillées. Les amitiés passées étaient des fantômes persistants qui me hantaient. Le futur me semblait incertain, je marchais vers l'avenir à tâtons, sans l'assurance de revivre une histoire heureuse.*

En arrivant au café où ma nouvelle amie m'attendait, souriante, j'ai été frappée par le bruit. Beaucoup de gens parlaient et riaient. Mais, au fur et à mesure que la soirée avançait, chaque rire me rappelait des choses du passé. J'étais confuse, mais je décidais de ne pas montrer que ça n'allait pas bien. On parlait de choses ordinaires, on riait à des blagues simples, mais chaque moment de silence me ramenait aux relations que j'avais perdues. Quand la soirée s'est terminée, on s'est quittées en se disant qu'on se reverrait, mais au fond de moi, je savais très bien que ce ne serait pas le cas. En rentrant chez moi, j'ai compris que la solution pour guérir n'était peut-être pas de me faire de nouveaux amis tout de suite, mais juste d'accepter que tout était un peu confus. Avec cette décision, je commençais enfin à trouver un fragile équilibre entre le passé et le présent, même si tout n'était pas encore résolu.

VOUS N'ÊTES PAS SEUL(E)

Savoir mettre les bons mots sur son vécu après une rupture… oui, c'est une forme de deuil !

Il m'a fallu plus d'un an après mes ruptures amicales pour comprendre que la guérison passe non par la destruction du passé mais par l'appropriation de son vécu. Et j'ai été aidée par le fait de réussir à mettre des mots. Ce que j'étais en train de traverser avait un nom : *le deuil*. Le deuil est un processus par lequel une personne passe lorsqu'elle perd quelqu'un ou quelque chose d'important pour elle. Cela peut correspondre au décès d'un être cher, mais également se rapporter à tout changement significatif comme la perte d'un emploi ou encore la fin d'une relation. Le deuil peut donc se jouer aussi après une rupture, qu'elle soit de nature romantique, familiale ou amicale. Il faut passer par plusieurs étapes pour se reconstruire et, par la suite, donner leur chance à de nouvelles relations. C'est un processus complexe, une sorte de voyage intérieur où chaque phase – du choc initial à l'acceptation finale – façonne notre compréhension de nous-mêmes et du monde qui nous entoure. À travers ces étapes, nous apprenons à dire au revoir, à retrouver de la force et à accueillir l'avenir avec espoir. C'est un parcours souvent difficile, mais inévitable pour avancer. Il est aussi important de comprendre que chaque personne traverse cette épreuve de deuil à sa manière. Les réactions et les étapes peuvent être différentes pour chacun. Certaines personnes vont peut-être trouver du réconfort dans les souvenirs et auront besoin de ne pas laisser aller le passé tout de suite, d'y rester plus longtemps. D'autres pourront faire preuve d'une résilience naturelle ou adopter une approche plus pratique pour reconstruire leur vie. Et, quelle que soit la façon dont chacun réagit, il est important de prendre le temps nécessaire. Il peut être tentant de se comparer aux autres ou de se fixer des délais pour surmonter le deuil. Mais gardez en tête qu'il s'agit d'un *processus personnel et intime*. En respectant votre propre rythme, vous favoriserez une guérison authentique qui vous permettra de trouver des techniques qui vous ressemblent pour faire face à la perte et de reconstruire votre vie.

La guérison n'est pas un phénomène linéaire

La guérison après mes ruptures amicales ne s'est pas faite de manière linéaire. Parfois, je me sentais bien et je pensais avoir surmonté la perte, mais d'autres jours, la douleur revenait comme une vague puissante. Je savais que c'était normal, que chaque personne vivait le deuil à sa manière. Il y avait des moments où je me sentais forte et capable de faire face à la situation, mais il y avait aussi des moments où j'étais submergée par la tristesse et la nostalgie. J'avais l'impression que je faisais un pas en avant pour dix en arrière. Pendant cette période, j'ai appris à accepter les hauts et les bas émotionnels. Je savais que la guérison prenait du temps et qu'il était important de me permettre de ressentir toutes les émotions qui venaient avec la rupture. Certains jours, je trouvais du réconfort en me concentrant sur les bons souvenirs que j'avais vécus dans ces amitiés malgré tout, tandis que d'autres jours, je préférais me distancer un peu pour me protéger émotionnellement. J'étais consciente que la guérison ne signifiait pas nécessairement oublier ou effacer les souvenirs de ces amitiés perdues, mais plutôt trouver un moyen de vivre avec cette perte et apprendre à intégrer l'expérience dans ma vie d'une manière qui me permettrait de continuer à grandir et à évoluer en tant que personne. Je savais que la route vers la guérison pouvait être longue et sinueuse, mais j'étais déterminée à traverser cette épreuve avec courage et résilience. Je savais que j'étais entourée de soutien et d'amour, et cela me donnait la force de continuer à avancer. Un pas à la fois.

ÇA VA ALLER !

Les mois qui ont suivi mes ruptures, j'ai ressenti un tourbillon d'émotions complexes. J'ai compris par la suite que cela était tout à fait normal, car je vivais des étapes de deuil. Ces étapes, théorisées par Elisabeth Kübler-Ross, une psychiatre pionnière dans l'approche des soins palliatifs, que j'ai découverte en faisant des recherches, ont apporté une lumière nouvelle à mes tourments émotionnels.

Comprenez les étapes du deuil pour mieux avancer

Elisabeth Kübler-Ross voyait cinq étapes principales à passer pour faire son deuil. Les comprendre m'a personnellement permis de mettre des mots sur mes propres réactions et m'a aidée à avancer. Les voici :

Étape 1 : Le choc ou le déni

La première réaction face à la perte est souvent le choc ou le déni. On peut avoir du mal à accepter la réalité de la situation. Elle représente le moment initial où la réalité de la perte commence à s'installer. Il s'agit souvent d'une réaction émotionnelle d'engourdissement ou de refus de croire qu'on ne verra plus l'autre. Parfois, le déni peut se manifester par des pensées telles que « Ce n'est pas vrai » ou « Il doit y avoir une erreur ». On a du mal à accepter la réalité de la situation. Dans le cas de la rupture amicale, on cherche même parfois des signes qui pourraient indiquer que notre amitié peut être rétablie.

Étape 2 : La colère

Après le choc initial, la colère peut émerger. On ressent de l'indignation, de l'injustice, on essaye de chercher des coupables, et il arrive parfois que ces sentiments soient dirigés contre nous-mêmes. On essaye de comprendre ce qui s'est passé et pourquoi la rupture est survenue. La colère envers la personne avec qui disparaît une part de notre vie peut provenir d'un sentiment de trahison et d'abandon, surtout lorsqu'on percevait cette amitié comme solide et durable. La colère est un moyen de se protéger émotionnellement, mais c'est aussi une émotion qui en cache d'autres. Quand nous n'arrivons pas à faire face à la douleur et à la tristesse de la perte, la colère devient notre outil de défense.

Étape 3 : Le marchandage

Cette étape se caractérise par la recherche de compromis ou la tentative de négociation pour revenir en arrière dans le temps, elle est souvent associée à des pensées du type « Si seulement j'avais fait ceci ou cela... » On peut penser à ce qu'on aurait pu faire différemment pour éviter la rupture, ou chercher des moyens pour retrouver son ancienne amitié. Il est important de reconnaître que c'est une étape, ce n'est que temporaire.

Étape 4 : La dépression

On peut ressentir un profond sentiment de tristesse, de solitude et de désespoir face à la perte de quelqu'un. On peut se replier sur soi-même, éprouver des difficultés à trouver du plaisir dans les activités quotidiennes et ressentir un manque d'énergie et de motivation. Dans le cas de la rupture amicale, la dépression peut être exacerbée par des sentiments d'abandon et de rejet, ainsi que par des pensées négatives sur soi-même et sur l'avenir de nos relations amicales.

Étape 5 : L'acceptation

L'étape de l'acceptation dans le processus de deuil représente un moment où on commence à intégrer la réalité de la perte et à accepter que la personne ne reviendra pas. Cela ne signifie pas nécessairement qu'on est complètement guéri ou qu'on ne ressentira plus jamais de tristesse à ce sujet, mais plutôt qu'on parvient à trouver une certaine paix intérieure en reconnaissant la situation telle qu'elle est. En acceptant la réalité de la perte, on peut réfléchir à ce qu'on a appris de cette expérience. On peut alors entamer un processus de reconstruction. L'acceptation n'est pas un processus linéaire ; il peut y avoir des hauts et des bas, mais c'est un pas important vers la guérison et la recherche d'un nouvel équilibre après la perte d'une amitié.

Certains penseurs ajoutent deux étapes supplémentaires à celles décrites par Elisabeth Kübler-Ross. Ces étapes me semblent elles aussi parlantes dans le cas des ruptures amicales.

Étape 6 : La reconstruction

L'étape de la reconstruction, dans le processus de deuil, représente le moment où on commence à se réinventer et à se redéfinir en tant qu'individu, en dehors de cette relation. C'est une période de renouveau et d'exploration de nouvelles possibilités et de nouveaux horizons. Pendant cette phase, on peut se concentrer sur la redéfinition de notre identité en dehors de la relation amicale perdue. On peut se poser des questions telles que : « Comment je me définis en dehors de cette amitié ? » et « Quels sont mes intérêts, mes passions et mes objectifs personnels ? ». C'est une occasion de se reconnecter avec soi-même et de se concentrer sur notre propre épanouissement.

Étape 7 : L'adaptation

L'étape de l'adaptation marque le moment où on parvient à intégrer la perte de manière plus complète dans notre vie quotidienne. C'est une période où on apprend à vivre avec le vide laissé par l'amitié perdue et à trouver un nouvel équilibre émotionnel. Pendant cette phase, on peut ressentir une plus grande stabilité émotionnelle et une diminution de l'intensité des sentiments de tristesse et de douleur associés à la perte. On commence à trouver des stratégies et des mécanismes d'adaptation qui nous aident à faire face aux souvenirs et aux déclencheurs émotionnels reliés à l'amitié perdue. L'adaptation peut également impliquer une réévaluation de nos attentes et de nos besoins en matière d'amitié. Dans le cas de la rupture amicale, on peut réaliser que certaines relations étaient toxiques ou déséquilibrées, et on peut chercher à cultiver des amitiés plus saines et plus enrichissantes à l'avenir.

Apprenez à prendre du recul sur les souvenirs qui font mal

Une fois avoir mis des mots sur les différentes étapes du deuil, il est temps de passer à l'action ! Voici quelques conseils pour vous détacher progressivement du passé et vous tourner vers l'avenir.

Acceptez ce qui s'est passé pour pouvoir avancer

Supprimer les souvenirs douloureux de manière définitive peut être compliqué car ces souvenirs font partie de votre expérience de vie. Mais il est important d'accepter ce qui s'est passé afin de pouvoir avancer et enfin s'autoriser à construire des relations saines avec de nouvelles personnes. Parlez-en à quelqu'un en qui vous avez confiance ou écrivez vos sentiments dans un journal. Exprimer vos émotions peut vous aider à les libérer et à mieux les comprendre.

Identifiez les leçons que vous avez apprises et écrivez-les

Chaque expérience, même douloureuse, peut nous enseigner quelque chose de précieux. Identifiez les leçons que vous avez apprises. Mieux comprendre la raison ou le sens qui se cache derrière la perte permet d'aider à adoucir sa peine et de reprendre le contrôle de sa vie. Vous pouvez matérialiser cette leçon en l'écrivant sur un bout de papier. Par exemple, si vous avez vécu la rupture d'une amitié toxique, vous pourriez écrire : « Mon expérience dans cette relation toxique ne détermine pas ma valeur ni ce que je suis. Je suis une personne forte, je choisis mon avenir et la personne que je deviendrai. »

Répétez cette affirmation souvent

Répétez cette affirmation positive régulièrement tel un mantra, cela renforcera votre confiance en vous-même. La répétition peut vous aider à imprégner cette nouvelle croyance dans votre esprit et à remplacer les pensées négatives par des pensées plus positives.

Concentrez-vous sur le moment présent

Lorsque les souvenirs douloureux du passé tentent de s'introduire dans votre quotidien, concentrez-vous sur le moment présent et sur ce que vous êtes en train de faire. Pratiquez la pleine conscience en vous focalisant sur vos sensations physiques, vos pensées et vos émotions actuelles. Rappelez-vous que vous êtes le moment présent, et non plus votre passé.

Pardonnez-vous et laissez tomber le ressentiment

Enfin, pardonnez-vous pour toute responsabilité que vous pourriez ressentir dans la fin de cette relation et laissez tomber vos ressentiments envers vous-même et envers l'autre. Le pardon libère du poids du passé et permet de vous concentrer sur votre bien-être et votre bonheur futur.

Réapprenez à vous ouvrir à l'amour amical

Il m'a pendant longtemps été très difficile d'accepter de recevoir de l'amour de la part d'amis après une rupture. Ce passif m'avait fait croire que l'amitié n'était jamais authentique, que les relations amicales n'étaient pas fiables et ne duraient pas. Et puis, après toutes les étapes décrites plus haut, j'ai décidé de changer de perspectives et de me rouvrir aux autres. Voici quelques réflexions qui m'ont aidée à changer d'avis :

J'ai commencé à croire les gens quand ils me disaient qu'ils m'appréciaient

Qu'il s'agisse d'un(e) ami(e) proche, d'un(e) collègue ou d'un membre de la famille, il était crucial que j'accepte ces paroles comme étant vraies et authentiques. Si je doutais continuellement et les repoussais, je créais des barrières et c'était un cercle vicieux dans lequel on s'éloignait les uns des autres. Accepter ces regards positifs sur moi m'a aussi aidée à retrouver de l'estime de moi-même.

J'ai arrêté d'avoir peur de perdre des amis

Lorsque j'étais au plus mal, il m'était devenu extrêmement difficile de faire confiance et d'être ouverte à de nouvelles amitiés. Pourquoi vouloir revivre ça ? Cependant, si je ne redonnais pas sa chance à une personne qui semblait sincère, je réalisais que je passerais toute ma vie à éviter les relations amicales et serais captive de mes peurs. Et il y avait, heureusement, des gens qui étaient authentiques et qui se souciaient vraiment de moi. Alors j'ai fait confiance à mon intuition et j'ai dépassé ma peur.

Je me suis aimée

Pour moi, c'était l'étape la plus difficile à franchir. Si je ne m'aimais pas, je ne pouvais pas recevoir d'amour amical en retour car au fond de moi-même, je ne croyais pas vraiment que je méritais l'amitié des autres. Alors j'ai pris le temps de comprendre les raisons pour lesquelles je pensais ne pas être digne d'être aimée. Ensuite, j'ai travaillé à remettre en question ces raisons et à mieux m'aimer telle que j'étais.

J'ai commencé à m'autoriser de nouveau à être vulnérable

Pendant longtemps, je m'isolais. Je pensais que je ne pouvais pas être moi-même de peur de tomber face à des personnes qui ne m'accepteraient pas et me blesseraient de nouveau. Être authentique faisait peur ; je me sentais si vulnérable ! Mais j'y suis allée petit à petit et j'ai choisi d'être plus ouverte et de laisser les autres se rapprocher.

J'ai appris des jeunes enfants et de la manière dont ils reçoivent l'amour amical

Les enfants sont spontanés : pour eux, l'amitié est naturelle, saine et innée. Ils n'ont pas peur du rejet et ne voient pas le mal dans l'autre. Ils s'attendent à être aimés et à ce que leurs besoins soient satisfaits lorsqu'ils demandent de l'aide. J'ai donc essayé de croire que la même chose était vraie pour moi - et que l'amitié était enrichissante, gratifiante, sûre et bonne.

Ces prises de conscience m'ont permis petit à petit de changer d'état d'esprit et m'ont aidée à mettre fin au processus de deuil et à me rouvrir aux autres. N'hésitez pas à vous les approprier ! Il s'agit bien sûr ici de conseils non exhaustifs et vous aurez peut-être d'autres idées qui vous ressembleront et que vous pourrez mettre en pratique. Faites-vous confiance.

LORSQU'UN AMI DÉCÈDE...

La rupture amicale peut être extrêmement douloureuse et s'assimile à une forme de perte, mais que faire face au décès d'un ami ? Qu'il s'agisse d'une longue maladie ou d'un accident brutal, c'est une expérience que nous ne souhaitons à personne : elle s'immisce dans nos vies sans que nous y soyons préparés, laissant derrière elle des cicatrices parfois indélébiles. À travers le chagrin vécu, nous sommes souvent nostalgiques des liens que nous avons eus, de l'impact que cet ami a eu sur notre vie et de la beauté des souvenirs que nous avons partagés. Ce genre d'événement est profondément traumatisant et le deuil est d'autant plus difficile à faire. Il suit généralement les étapes mentionnées ci-dessus – ces étapes, étant, comme pour la rupture amicale, plus ou moins longues à franchir, selon les personnes. Dans ces moments difficiles, ne restez pas seul : n'hésitez pas à solliciter vos proches pour chercher du réconfort. Il est important de se tourner vers des personnes chez qui vous retrouverez de la compréhension, de la bienveillance et de l'amour. Souvenez-vous des moments heureux vécus ensemble ; cela peut donner beaucoup de force pour avancer ensuite. Si vous avez du mal à vous remettre de cette perte, cela est tout à fait légitime ; vous pouvez aussi, dans ce cas, vous tourner vers des professionnels de santé qui vous aideront.
Si vous avez perdu un ami cher à la suite d'un décès, sachez que vous avez les ressources en vous pour trouver la lumière au milieu de cette obscurité et que, malgré la perte, l'amour et l'amitié partagés continueront de vous unir, peu importe l'endroit où vous vous trouvez.

Chapitre 13

SAVOIR ROMPRE LES LIENS AMICAUX QUI N'APPORTENT PLUS RIEN

Quand on passe à autre chose

Août 2022. Ce matin-là, je vaquais à mes occupations quand une pensée m'a soudain traversé l'esprit : pourquoi ne pas retélécharger Messenger ? Après tout, ça faisait bien longtemps que je n'avais pas été sur cette application. Une idée a priori tout à fait normale, mais qui allait entraîner une situation imprévue. Un message m'attendait en effet depuis plusieurs jours. Mon ex-meilleure amie, Emy, avait une fois de plus pris l'initiative de m'écrire. Il y a quelques mois, elle avait déjà fait un premier pas en m'adressant des excuses pour son comportement passé. Ce jour-là, j'avais été sous le choc : avec cette reprise de contact, des souvenirs douloureux avaient refait surface et pendant quelques instants, je n'étais pas arrivée à croire ce que je voyais. Cette fois-ci, le message était plus long et explicite : « Salut Hadeel ! J'espère que tu vas bien depuis tout ce temps. Je voulais juste te dire que je repasse bientôt à Paris et que ça me ferait vraiment plaisir de te revoir. Je sais qu'on n'a pas échangé depuis longtemps et que la dernière fois que nous nous sommes quittées, ça ne s'est pas très bien passé entre nous, mais j'ai repensé à toi et à notre amitié, et j'aimerais beaucoup qu'on reprenne contact. Ça me ferait plaisir de savoir ce que tu deviens et où tu en es dans ta vie, comme lorsqu'on était proches ! Je me suis remise en question par rapport à notre relation et j'aimerais bien nous redonner une chance. Je t'embrasse, Emy. »

Pour être honnête, je ne savais absolument pas quoi penser. Je m'étais assise sur mon lit et j'avais réfléchi un long moment. Est-ce que c'était une bonne idée ? Était-ce simplement un *échange anodin ou le signe d'un désir plus profond de sa part de retisser les liens de notre amitié ? Et qu'en était-il de mes propres désirs ? Après avoir retourné la situation dans tous les sens, j'ai finalement pris conscience de ce que je voulais vraiment : dire non, tout simplement. Non, je ne souhaitais pas échanger avec elle, ni la revoir, ni essayer de retrouver ce que nous avions perdu il y a trois ans. Je ne voulais pas partager avec elle mes états d'âme, mes rêves, mes projets et, inversement, je ne voulais rien savoir d'elle. Ce n'était pas parce que je lui en voulais encore ; c'était simplement parce que je n'en ressentais plus le besoin. Je préférais que les choses restent ainsi. Et c'est avec une tranquille certitude que j'ai décidé de laisser le passé là où il était, de continuer mon chemin sans me laisser entraîner par des souvenirs qui ne faisaient plus partie de ma vie. Parfois, le meilleur moyen d'avancer est de laisser certaines choses derrière soi, et c'est exactement ce que j'ai choisi de faire ce jour-là.*

VOUS N'ÊTES PAS SEUL(E)

Emy n'a pas été la seule personne à essayer de renouer le lien après notre rupture amicale. Mais le retour de ces figures du passé, avec lesquelles j'avais perdu contact depuis plusieurs années, a souvent engendré un sentiment de conflit intérieur.

La confusion fait partie du jeu

Lorsque mon amitié avec Emy a pris fin, j'ai ressenti de la souffrance et de la colère… mais aussi un espoir secret que la relation pourrait être réparée. Avec le temps, la douleur, puis la déception ont laissé place à la résilience. Lorsque mon ancienne amie est réapparue dans ma vie, je n'ai pas su tout de suite comment réagir à ce retour soudain. J'ai également eu peur de paraître rancunière. Elle avait peut-être réussi à trouver la paix intérieure et se sentait prête à avancer. Mais même si j'avais moi aussi retrouvé de la sérénité, son retour ravivait en moi du ressentiment. Pourquoi revenir dans ma vie quand tout allait mieux ? À la suite de cette réflexion, j'ai réalisé que, même si mon ancienne amie semblait prête à tourner la page, cela ne signifiait pas nécessairement que je devais le faire moi aussi si je n'étais pas prête à accepter son retour dans ma vie.

Ce sentiment de confusion est tout à fait légitime : dans les cas de reprise de contact comme celui-ci, il s'agit de personnes qui ont compté pour nous, mais qui, parfois, nous ont fait du mal. Du temps s'est écoulé depuis la dernière interaction, créant un fossé et faisant de nous des étrangers l'un pour l'autre. Les intérêts, les valeurs et les objectifs de vie peuvent avoir évolué de manière significative, rendant difficiles la reconnexion et la redécouverte d'affinités communes. Le rétablissement d'une ancienne amitié peut engendrer de la confusion et perturber notre équilibre de vie. Cela peut nous pousser à remettre en question nos choix actuels, à nous sentir nostalgiques des temps anciens ou, parfois, à ressentir une pression sociale pour renouer des liens qui ne nous conviennent plus vraiment. Nous nous retrouvons à jongler entre nos souvenirs heureux du passé et notre réalité présente, tout en cherchant à concilier ces deux aspects souvent contradictoires de notre vie. Cette introspection peut nous amener à nous demander si ces personnes qui ressurgissent ont toujours une place légitime dans notre vie actuelle. Comme si ces anciens amis appuyaient sur le bouton « réinitialisation ». Comme s'ils essayaient de reprendre là où ils estimaient s'être arrêtés. Comme si les actes passés n'avaient eu aucune conséquence. Dans ces moments, il est important de comprendre que le passé ne définit pas nécessairement notre présent ou notre avenir.

Vous êtes libres d'accepter ou non le retour de ces amitiés dans votre vie

Il est crucial de reconnaître qu'il existe une grande diversité d'histoires et que, si certaines retrouvailles font du bien, d'autres ne sont pas nécessairement bénéfiques.

C'est OK de refuser…

Certaines amitiés peuvent en effet avoir été marquées par des dynamiques toxiques, des comportements préjudiciables ou des conflits non résolus. Dans de tels cas, le retour de ces personnes peut raviver des souvenirs douloureux et ranimer des émotions négatives, compromettant ainsi notre bien-être émotionnel et notre équilibre mental du moment. Un temps de maturation peut être nécessaire avant de décider si, oui ou non, on souhaite renouer le lien avec des relations qui ont causé de la douleur, de la déception ou de la tristesse. Si on sent que cela nous fait plus de mal que de bien, il peut être préférable de maintenir une distance saine et de se concentrer sur notre propre guérison plutôt que de s'engager à nouveau dans une relation potentiellement nocive. Certaines relations sont marquées par des schémas nuisibles qui peuvent avoir des effets durables sur notre bien-être émotionnel et notre santé mentale. Il est important de reconnaître que préserver notre santé et notre bonheur passe avant la pression sociale ou le sentiment du devoir. Il est aussi normal de ressentir une certaine culpabilité face à cette décision ; cependant la culpabilité que nous ressentons n'indique pas nécessairement que nous avons fait le mauvais choix. Les bonnes décisions ne sont pas toujours faciles à prendre, mais lorsqu'on se sent mieux après coup, on comprend qu'on a bien fait d'aller dans ce sens.

… comme d'accepter

Le retour d'une amitié qui s'était éteinte peut aussi être une expérience très positive, surtout lorsque cela se produit à un moment où les deux partis ont mûri et évolué individuellement. Parfois, les personnes changent, reconnaissent leurs torts, se pardonnent. Parfois aussi, les séparations ne sont pas le résultat de conflits personnels, juste de circonstances de la vie : des amis se sont perdus de vue en raison d'un déménagement, d'un choix de carrière ou autre, et il arrive parfois que leurs chemins se recroisent, souvent à l'initiative de l'un des deux. Avec le temps, les amis ont changé, grandi et ont acquis de nouvelles expériences de vie. Lorsque cette amitié renaît, elle le fait souvent dans un contexte différent. Les attentes qui étaient présentes auparavant peuvent avoir disparu, permettant ainsi une connexion plus authentique et plus libre. Le fait de raviver cette amitié peut être perçu comme une seconde chance, où les deux partis reconstruisent une relation sur des bases plus solides tout en étant débarrassés des tensions passées et des malentendus. Le fait d'être plus mature et sans attentes particulières peut jouer un rôle crucial dans la reconstruction de la relation. Les deux personnes impliquées ont pu apprendre de leurs expériences passées et avoir développé une plus grande capacité à communiquer, à faire preuve de compassion et à être authentiques l'une envers l'autre. Cette maturité peut également se traduire par une acceptation plus profonde de l'autre, avec toutes ses imperfections et ses différences.

Dans de nombreux cas, le fait de réanimer une amitié éteinte durant plusieurs années peut être une source de joie et de gratitude. Cela peut raviver des souvenirs heureux. Ces retrouvailles peuvent également être l'occasion de créer de nouveaux souvenirs ensemble, nourris par une appréciation renouvelée pour la présence de l'autre dans nos vies.

Que vous choisissiez de reconstruire une amitié ou de lui fermer la porte, vous êtes libre de vos choix et il n'y a pas de bonne réponse. L'essentiel est de vous écouter, de savoir quelles sont vos limites et d'être sûr que la relation telle qu'elle se reconstruit vous fera vous sentir bien.

Peu importe votre choix tant que vous êtes en accord avec vous-même

Les retours d'amis sont des expériences précieuses qui nous rappellent la complexité des relations humaines. Que nous choisissions de renouer avec une ancienne amitié ou de laisser le passé derrière nous, ces situations nous offrent des leçons importantes sur la nature des liens amicaux. Elles nous rappellent que les relations ne sont pas figées dans le temps, mais qu'elles évoluent et se transforment au fil des expériences et des interactions.

Si, dans certaines situations, on décide de renouer avec un vieil ami, cela montre qu'on croit en la capacité des relations humaines à s'apaiser malgré les tempêtes. Ça peut être une chance de construire une amitié plus forte, dans laquelle on se comprend mieux et on se respecte davantage. Les difficultés qu'on a vécues avant peuvent nous aider à mieux nous parler, à être honnête l'un avec l'autre et à ne pas reproduire les mêmes erreurs.

D'un autre côté et selon les cas de figure, décider de ne pas renouer peut être pertinent aussi. Cela signifie qu'on reconnaît que cette relation avait ses limites et qu'on veut protéger notre bien-être émotionnel en évitant les problèmes qui peuvent nous faire du mal. C'est une façon de prendre soin de soi en se concentrant sur les amitiés qui nous rendent heureux et qui nous aident à grandir.

Peu importe la décision que vous prendrez, c'est à vous de choisir et de faire ce qui est le mieux pour vous. Et c'est généralement à ce moment-là, en faisant ce choix, que l'on prend conscience que le processus de guérison touche à sa fin, car on prend des décisions en fonction de notre propre bien-être, plus pour celui de l'autre uniquement.

ÇA VA ALLER !

Que vous choisissiez d'accepter ou de refuser le retour d'un ami dans votre vie, cette décision n'est pas forcément évidente à mettre en pratique. Comment communiquer ? Doit-on revenir sur le passé ? Expliquer ? Se justifier ? Voici quelques conseils pour vous aider à faire les choses en douceur.

Que faire quand on souhaite décliner ?

Choisir de refuser le retour de quelqu'un dans sa vie peut constituer un véritable défi émotionnel. Cela nécessite une réflexion profonde en amont ainsi qu'une explication délicate pour exprimer son refus, en ne blessant pas l'autre tout en étant assez clair. J'ai choisi de décliner l'offre d'Emy avec bienveillance, tout en prenant soin de ne laisser aucune ouverture à une potentielle reconnexion. J'ai exprimé clairement et calmement ma décision de ne pas poursuivre cette amitié. J'ai aussi pris le temps de lui expliquer mes raisons de manière honnête et sincère, sans chercher à heurter ses sentiments. Je lui ai fait comprendre que ma décision était le résultat d'une réflexion approfondie sur ce qui était le mieux pour moi dans ma vie actuelle. J'ai souligné que cette décision ne remettait pas en question les moments partagés dans le passé, qu'elle était plutôt basée sur une prise de conscience et des changements survenus de mon côté depuis notre dernière interaction. Par conséquent, j'ai veillé à ce qu'elle comprenne que ma décision était ferme et définitive tout en lui souhaitant le meilleur pour la suite. J'ai conclu notre échange en lui exprimant ma gratitude pour les souvenirs partagés et en lui assurant que je garderais toujours une certaine affection pour notre amitié passée. Ce message est très personnel, mais il peut vous donner des pistes si vous vous retrouvez, vous aussi, dans cette situation.

Que faire quand on accepte de renouer le contact ?

Il m'est aussi arrivé d'accepter le retour d'anciens amis dans ma vie. Je dois avouer que j'étais réticente au début : j'ai accueilli la proposition positivement, mais j'ai veillé à établir certaines limites dès le départ. Car avant de m'ouvrir trop rapidement, j'avais besoin de vérifier que nous étions vraiment sur la même longueur d'onde pour ne pas refaire les erreurs du passé. Aujourd'hui, je ne regrette pas ma décision. J'ai ressenti une joie réelle à retrouver cette personne qui avait, autrefois, occupé une place importante dans ma vie. Nous avons partagé des souvenirs, des rires et des conversations significatives, et cela m'a permis de confirmer que la connexion entre nous était toujours présente. Cependant, j'ai toujours fait attention à rester attentive à nos dynamiques relationnelles et à mes propres besoins - ce que je ne faisais pas par le passé. J'ai pris le temps de réfléchir à la direction que je voulais que notre amitié prenne. Et au fil du temps, je me suis aperçue que notre amitié évoluait de manière positive, dans le respect et la compréhension mutuels. Nous avons su surmonter les obstacles et les différends qui auraient pu abîmer notre lien, et nous avons renforcé notre amitié grâce à une communication ouverte et un engagement réciproque. Ces expériences m'ont appris qu'il est possible de retrouver et de cultiver des amitiés précieuses, même après une période de séparation.

Tuto pour reconstruire une amitié saine

Pour avoir eu la chance de vivre une « reconnexion amicale », je suis consciente de la complexité de reconstruire une relation après une période de séparation. Cela demande du temps, de la patience et un engagement sincère. Voici quelques étapes pour vous aider si vous vous trouvez dans cette situation.

Pardonnez

Si des conflits ou des malentendus ont eu lieu par le passé, soyez prêt à pardonner et à laisser votre ressentiment s'en aller. Se libérer du poids de ce passé est crucial pour avancer vers une relation plus saine. En pardonnant l'autre, vous vous détachez de ressentis émotionnels négatifs comme la rancune ou la colère pour laisser place au rétablissement de la confiance et au renforcement du lien à travers des émotions plus saines.

Reconstruisez une confiance mutuelle

La communication honnête est essentielle. Exprimez vos sentiments, vos attentes et vos préoccupations dès le départ afin de favoriser une meilleure compréhension mutuelle. Votre confiance peut avoir été ébranlée par certains comportements de l'autre ; il est donc important de prendre le temps de reconstruire cette confiance à travers des actions cohérentes et des paroles sincères. Prenez également le temps d'écouter ce que l'autre a à vous dire et, si vous étiez vous-même en tort par rapport à votre ami, essayez de revoir votre comportement et ne repartez pas dans les mêmes travers. Il est important de savoir reconnaître ses erreurs et de présenter des excuses sincères si nécessaire.

Assurez-vous de prendre la responsabilité de vos actions et de montrer que vous êtes prêt à changer.

Partagez des expériences positives

Créez de nouveaux souvenirs ensemble, partagez des expériences positives. En plus de renforcer votre complicité, cela peut aider à poser les fondations de votre nouvelle relation et à rendre votre lien plus profond.

Respectez vos limites

Respectez les limites de chacun et assurez-vous de ne pas franchir de frontières inconfortables. Soyez attentif aux signes de malaise ou de désaccord et ajustez votre comportement en conséquence. Le respect de l'autre est la base d'une relation saine.

Cultivez la patience et soyez compréhensif

Reconstruire une relation prend du temps. Soyez patient et compréhensif envers vous-même et envers votre ami lorsque vous naviguerez dans ce processus de reconnexion. Rome ne s'est pas faite en un jour et reconstruire une amitié avec quelqu'un que l'on a connu peut prendre tout autant de temps qu'en créer avec de nouvelles personnes. N'oubliez pas que vous avez tous les deux changé pendant le processus de la rupture amicale et que, même s'il s'agit d'une « reconstruction », vous êtes en train de bâtir de tout nouveaux fondements afin de ne plus laisser les tours s'écrouler.

QUE FAIRE SI L'ON SOUHAITE REPRENDRE CONTACT AVEC UN AMI ?

Que ce soit après une rupture conflictuelle, naturelle ou même silencieuse (voir p. 122), il arrive que ce soit nous qui voulions reprendre contact avec d'anciens amis. En effet, le temps, l'introspection et l'évolution personnelle nous permettent parfois de réaliser l'importance d'une amitié passée dans notre vie, et les aspects positifs de la relation que nous avons perdue nous sautent aux yeux. Restaurer la connexion afin de retrouver cet ami qui nous est cher est souvent motivé par le sentiment de nostalgie et les souvenirs heureux des moments passés ensemble. Mais avant d'entamer cette reprise de contact, prenez le temps de réfléchir et de vous poser les bonnes questions : « Est-ce vraiment mon ami qui me manque, ou est-ce juste de la nostalgie des bons moments partagés ? », « Est-ce que je suis émotionnellement prêt à renouer le contact avec la personne ? » Et, si vous êtes à l'origine de la rupture (ce qui peut arriver) : « Où en est cette personne dans sa vie ? », « Est-elle prête à m'accueillir ? » Si vous répondez à ces questions en ayant pour but de retrouver la personne dans tous ses aspects positifs et d'être vous aussi dans cet état d'esprit, foncez ! Sachez que vous n'avez rien à perdre. Nous avons tous tendance à plus réfléchir avec notre ego qu'avec notre cœur, mais si vous en êtes arrivé là dans votre réflexion, c'est qu'il est temps d'envoyer un message. Le type de message que vous enverrez pourra dépendre de la relation que vous aviez avec votre ami et de la nature de votre rupture amicale. Cela peut être un message léger qui exprime votre désir de renouer contact avec la personne. Si la réponse de votre ami est positive, exprimez votre gratitude et proposez une sortie ou un appel téléphonique afin d'échanger concrètement ; n'hésitez pas à montrer à votre ami que vous êtes sincèrement heureux de pouvoir reconstruire la relation et que vous êtes prêt à investir du temps et des efforts pour cela. Si la réponse est négative, la personne peut avoir ses raisons et ce n'est pas grave. De votre côté, vous aurez essayé. Vous devez lui montrer votre compréhension et votre respect par rapport à sa décision. Ce n'est pas ce que vous souhaitiez et ce n'est pas facile à entendre, mais il faut que vous preniez du recul par rapport à la situation et essayiez de voir les choses sous un angle différent. Rappelez-vous que le refus de votre ancien ami peut être lié à ses propres problèmes et préoccupations, et ne reflète pas nécessairement votre valeur personnelle.

Chapitre 14

SE RÉJOUIR D'AVOIR TROUVÉ SON ÂME SŒUR AMICALE

Quand l'amitié est une évidence

Octobre 2019. Je suis en fac de Lettres avec mon amie Sabrina et, faute de chauffage dans notre amphi, nous avons décidé toutes les deux, une fois de plus, de sécher notre cours de phonologie. Nous allons chez mon amie et, après avoir croisé sa colocataire en train d'essuyer ses doigts pleins de ketchup sur une table sale et malodorante, nous fuyons vers la chambre de Sabrina où le changement d'ambiance est flagrant. C'est un espace calme, qui sent bon et reflète parfaitement sa personnalité : les murs sont ornés de photos et les draps, colorés. L'atmosphère y est chaleureuse et accueillante. C'est la première fois qu'elle m'invite et je suis tout de suite frappée par certains détails : ses vêtements sont triés par couleurs et ses livres, parfaitement alignés sur son étagère... exactement comme dans ma chambre ! On l'ignorait toutes les deux, mais cette après-midi allait marquer un tournant dans notre amitié.

En entrant à la fac, je m'étais fait la promesse de sortir de ma zone de confort et de m'ouvrir aux autres. J'ai vu dans ce tête-à-tête une opportunité de le faire. On se sentait déjà proches avec Sabrina, mais à partir du moment où on s'est installées sur son lit, on a commencé à se parler et j'ai eu le sentiment de trouver mon âme sœur. Pour la première fois après des années de silence, j'osais montrer à quelqu'un la personne que j'étais réellement. Et, comme un système de vases communicants, elle s'ouvrait elle aussi à moi. Plus on parlait et plus on se trouvait des points communs... Mais mon cerveau était en alerte. Au fond de moi, je me disais : « Qu'est-ce qui se passe ? Est-ce qu'elle fait exprès d'aimer les mêmes choses que moi ? d'être d'accord avec moi ? » Des pensées négatives et des doutes se bousculaient en moi, je n'arrivais pas à y croire. Je pensais que j'allais sombrer et retomber dans mes travers… quand je me suis dit STOP ! Encore aujourd'hui, je suis étonnée d'avoir réussi à faire ça de façon aussi déterminée alors qu'à l'intérieur, j'étais en pleine syncope, mais j'ai ordonné à ma tête de se taire et j'ai décidé de me confier à Sabrina en lui expliquant ce qui se passait. Elle a tout de suite été à l'écoute, son regard était empreint de compassion et d'empathie. Elle me posait des questions douces, m'encourageait à exprimer mes sentiments les plus profonds. Sa présence m'a donné du courage. Puis on a échangé nos rôles ; elle a partagé à son tour avec moi ses peines et ses luttes. À partir de ce moment-là, on est devenues comme les deux faces d'une même pièce. Notre synergie était tellement unique qu'on nous prenait parfois pour des jumelles. Je ne sais pas si c'était elle qui déteignait sur moi ou l'inverse. Ou alors, c'était peut-être juste un mélange de nous deux ? Mais une chose était sûre : on était devenues une seule et même personne. On a commencé à s'acheter les mêmes habits, les mêmes bijoux, les mêmes bottines, à s'habiller de la même façon pour aller en cours. Nos professeurs avaient l'habitude de nous voir ensemble et quand l'une de nous était absente, ils demandaient à l'autre : « Alors, elle est où ta moitié ? ». On avait créé notre propre monde, un univers où on se comprenait sans avoir besoin d'exprimer quoi que ce soit. Quand quelque chose de nouveau m'arrivait, je courais lui annoncer ; quand elle entendait quelque chose de drôle, j'étais la première personne avec laquelle elle le partageait. Nos pensées, nos comportements, nos sensations et nos émotions étaient complètement entremêlés. Ça allait au-delà de l'amour ; c'était comme si nos âmes étaient liées. Je me suis alors rendu compte d'une chose : avoir une meilleure amie formidable est une chance, mais trouver sa moitié dans cette meilleure amie donne une force que rien ne peut ébranler.

VOUS N'ÊTES PAS SEUL(E)

Partager un lien tellement fort peut parfois faire peur

Je suis persuadée que la vie est faite avant tout de connexions. L'être humain a besoin de se connecter avec quelque chose ou quelqu'un pour s'épanouir pleinement. Ces connexions nous permettent d'expérimenter la vie d'une autre manière, que ce soit à travers l'art, la musique, les livres… Tout commence par un lien qui se crée et nous touche. Mais lorsque ce lien s'opère avec un autre être humain qui nous ressemble, c'est encore plus fort. Ce que vous voyez en cette personne, c'est une réflexion de vous-même, une partie en vous que vous avez peut-être essayé de fuir pendant des années pour rentrer dans le moule. Et cette relation vous permet d'être enfin vous-même.

J'ai eu beaucoup de chance. J'étais plongée dans mon quotidien sans savoir de quoi demain serait fait quand un jour, sortie de nulle part, Sabrina est arrivée dans ma vie. Nous nous sommes connectées immédiatement et savions dès le début qu'au fond, on était faites pour s'assembler comme deux pièces d'un même puzzle. Beaucoup de personnes ne croient pas à cette connexion intense et réciproque. Dans ce monde qui, parfois, peut être assez cruel, je peux comprendre que l'image d'âmes sœurs amicales puisse apparaître comme un mirage. Et j'avoue que je n'y croyais pas forcément non plus avant que cela m'arrive. Pourquoi valorise-t-on autant les relations amoureuses intenses alors que des relations amicales peuvent être tout aussi fortes ? Pour moi, c'est l'une des plus grosses erreurs commises par notre société. J'aimerais bannir l'idée que l'amour entre meilleurs amis est secondaire ; il peut apporter autant, voire plus, qu'une relation amoureuse. Dans ce type d'amour platonique, les deux personnes ressentent une gratitude, une affection et un intérêt immenses l'une pour l'autre. Elles ont un lien presque spirituel, sans l'aspect charnel qu'une relation amoureuse implique généralement. Ces relations apaisées engendrent souvent des liens forts et profonds. C'est comme une évidence : on s'est trouvés.

Trouver son double, oui, mais sans se perdre

La capacité unique à être connecté émotionnellement et mentalement à une personne sans avoir besoin d'exprimer ou prouver quoi que ce soit est un pur bonheur. Chaque personne sur cette terre est unique, mais il arrive parfois qu'on tombe sur une personne tellement alignée avec nous que la ressemblance paraît tout simplement magique. On a l'impression d'avoir découvert notre double… et cela peut être intimidant ! Serait-ce une sorte de clonage involontaire ? Ou bien aurions-nous retrouvé notre jumeau venu d'une autre planète, égaré dans un autre espace-temps ? Pas de panique ! En réalité, c'est plutôt sympa. Comme le dit le psychanalyste Saverio Tomasella dans *Ces amitiés qui nous transforment* (Eyrolles, 2018), « Les amitiés peuvent façonner l'un à l'image de l'autre et réciproquement. » Il explique ainsi qu'à force de se fréquenter et d'échanger, nos cerveaux se mettent à se modeler l'un sur l'autre, ils « s'ajustent souplement […], se situent sur la même fréquence » (c'est ce qu'il appelle le phénomène de syntonie). Dans mon cas, j'ai l'impression que Sabrina et moi, on est sur la même longueur d'onde, qu'on a la capacité de se comprendre en un seul regard et que cette complicité crée une forme de fluidité dans nos échanges. On est tellement semblables que même notre apparence physique le reflète. Vous allez vous dire que cela va un peu loin… Mais ce n'est pas parce qu'on se ressemble et qu'on se comprend sans un mot que l'on perd nos individualités respectives. Une amitié saine, c'est une amitié dans laquelle, avec et grâce à l'autre, on n'a plus peur d'être soi-même et de s'affirmer.

Peut-on compter sur une connexion spéciale avec quelqu'un pour apprendre à s'aimer ?

Une simple personne peut opérer un changement en vous sans en avoir la moindre intention. Comment est-ce possible ?

allez-vous me dire. Tout simplement parce qu'elle nous donne l'espace nécessaire pour évoluer. C'est à travers des amitiés comme celle-là que vous (ré)apprendrez à vous aimer : ces personnes sont comme un reflet invisible de vous-même ; en vous retrouvant à travers elles, vous vous redécouvrez sous un nouveau regard. Vous aimez ce qu'elles sont et vous acceptez chez elles des choses que vous n'acceptiez pas forcément chez vous à la base. Et elles, de leur côté, ont souvent un regard beaucoup plus doux sur vous que celui que vous portez sur vous-même... Alors, profitez de cette relation qui vous nourrit ! En tant qu'être humain, nous avons tous besoin de nous retrouver dans quelque chose ou dans quelqu'un, d'avoir un sentiment d'appartenance. Grâce à ce type de relation basée sur la connexion et la bienveillance, on se sent en sécurité. Cette personne devient votre safe place, elle devient votre « *You're my person* » (référence à la série *Grey's Anatomy*, dans laquelle Cristina utilise cette expression pour dire à Meredith qu'elle représente quelque chose de plus fort que sa meilleure amie – une sorte d'âme sœur, quelqu'un qui sera toujours là pour elle de façon inconditionnelle et vice-versa).

TOUT VA BIEN !

À chacun son âme sœur

Je suis intimement persuadée que chaque personne a, quelque part, une âme sœur amicale. Mes chers lecteurs, si vous ne l'avez pas encore trouvée, vous le sentirez instantanément quand vous la rencontrerez. Vous allez avoir l'impression de vous retrouver, de vous redécouvrir à travers l'autre. Vous méritez d'avoir des personnes qui vous donnent l'impression d'être constamment dans une *safe place*. Focalisez votre énergie sur les relations qui vous font vous sentir bien, apaisé, et n'hésitez pas à creuser la relation quand vous sentez qu'elle a du potentiel. Un amour mutuel pour les burgers ou les films est un bon début, mais ça ne suffit pas pour créer un lien profond et durable ! Concentrez-vous sur les personnes avec lesquelles vous sentez que quelque chose peut se créer à un niveau plus profond et plus émotionnel. Ce « lien d'âmes » passe généralement par une vision du monde similaire et par le partage de certaines croyances et valeurs.

N'ayez pas peur si les choses ont l'air « facile »

Notre société nous a habitués à lutter pour obtenir ce que nous voulons ; elle nous a appris à nous fatiguer, nous drainer, nous assécher, jusqu'à ce qu'il ne reste plus aucune énergie en nous. Il est crucial de se rappeler qu'il ne faut pas céder à la tentation de douter des moments de simplicité. Trop souvent, nous sommes conditionnés à remettre en question nos relations, à nous méfier des intentions des autres et à laisser le doute s'insinuer dans nos esprits. Mais ça ne devrait pas être la norme, et c'est grâce à des relations comme celle de Sabrina et moi, simples et détendues, que l'on arrive à « replacer le curseur ». Ce genre de relations réconforte, car elle est évidente et ne pompe aucune énergie émotionnelle. Nous pouvons nous permettre de nous abandonner à la confiance et à la spontanéité, libérés du poids des pensées obsessionnelles et des suspicions constantes. Pas besoin de faire un quelconque effort pour se comprendre, c'est comme si l'univers tout entier avait œuvré pour concrétiser la rencontre avec l'autre et nous réunir. Avec cet autre, inutile de s'épuiser à faire semblant. Comme l'explique Tomasella, « Je peux être vraiment qui je suis, sans avoir à faire attention, sans me contenir inutilement, sans devoir jouer un rôle pour me faire accepter. » Et dans un monde très basé sur l'apparence et le paraître, c'est reposant !

Profitez de chaque instant de cette relation exceptionnelle

Je vous mentirais si je vous affirmais que ce type d'amitié va durer toute la vie. Je n'ai que 23 ans, et pas la prétention de lire l'avenir. J'ai conscience que les amitiés s'arrêtent ou s'affaiblissent, j'en ai déjà fait les frais par le passé. Mais je sais que l'on peut soigner la relation dans le présent pour mieux la préserver dans le futur. Aujourd'hui, je suis sûre que cette relation existe et se place au-delà de tout ce que j'ai pu ressentir jusqu'à maintenant en termes d'intensité. Elle dépasse de loin la plupart des histoires d'amour que j'ai connues et je n'avais pas conscience, avant de la vivre, qu'une amitié de ce genre avait la capacité de guérir un mal qu'elle n'avait même pas causé elle-même. L'amour, même amical, peut sauver. Et, lorsqu'il est sain, il peut parfois panser et cicatriser. Et même si un jour, nos liens se distendent, je ne regretterai jamais d'avoir connu ma moitié. On se sera complétées, unies et liées. Et ce sentiment nous rend indestructibles. Je ne sais pas ce que l'avenir me réserve, mais si vous avez la chance de vivre un jour une amitié comme celle-ci, mon principal conseil est d'en prendre bien soin.

Chapitre 15

SAVOIR MAINTENIR UNE AMITIÉ MALGRÉ LA DISTANCE

Quand l'autre est loin physiquement

Une de mes très bonnes amies, Louise, avait pris la décision de partir un an aux États-Unis pour y être jeune fille au pair. Elle m'a raconté comment elle et Julia, sa meilleure amie, ont vécu cette relation à distance.

Lorsque Louise a annoncé son départ à Julia, celle-ci s'est tout de suite réjouie pour elle. Son amie allait vivre de nouvelles expériences excitantes et enrichissantes, ça allait sûrement être formidable ! Julia lui a aussi avoué qu'elle redoutait un peu le jour de son départ, car ce serait la première fois qu'elles seraient aussi loin l'une de l'autre, mais que ces quelques semaines avant le voyage seraient l'occasion de profiter au maximum des moments ensemble. Louise m'a confié qu'elle aussi se posait ces questions : arriveraient-elles à garder un lien aussi fort malgré la distance et le décalage horaire ? À rester dans la vie l'une de l'autre ? Lorsque le jour du grand départ est finalement arrivé, Julia, la boule au ventre, a accompagné Louise à l'aéroport. Au moment de se dire au revoir, Julia a essayé de chasser cette tristesse en parlant des projets outre-Atlantique de Louise et en imaginant les aventures passionnantes qui l'attendaient là-bas. Au milieu de quelques éclats de rire forcés et des larmes qu'elle tentait elle aussi de retenir, Louise promit à son amie de lui envoyer des lettres et des cartes postales et Julia, de rester éveillée malgré le décalage horaire pour leurs appels vidéo. Au moment où Louise a passé la zone d'embarquement, elle a senti un *poids énorme dans sa poitrine. C'était le début d'une année qui allait mettre à l'épreuve la solidité de leur amitié.*

Quelques mois plus tard, Julia est passée par une période difficile : elle avait des soucis de santé et avait beaucoup de mal à garder le moral. Pourtant, même à distance, Louise a bel et bien répondu présente. Leurs appels téléphoniques étaient devenus des bouées de sauvetage pour Julia. Malgré les kilomètres qui les séparaient, Louise se faisait un point d'honneur à être toujours là pour elle. Elle m'a rapporté qu'un jour où elle se baladait dans les rues de Boston, Julia l'a appelée alors qu'elle était au plus mal. Leur conversation s'était étirée pendant si longtemps que Louise avait eu le temps de faire le tour du centre-ville plusieurs fois ! Elle l'écoutait partager les détails de sa journée, ses pensées, ses inquiétudes. Les mots de Louise apportaient du réconfort à Julia. Mon amie m'a avoué qu'à l'époque, elle s'était sentie vraiment impuissante à cause de la distance et qu'elle aurait voulu être présente physiquement pour Julia, lui faire un câlin. Julia, quant à elle, n'a cessé de lui manifester sa reconnaissance pour ce qu'elle lui apportait et le temps qu'elle prenait pour elle. Toutes deux rêvaient de se rejoindre, de visiter les États-Unis ensemble, de créer de nouveaux souvenirs dans lesquels la distance n'existerait pas. Et même si elles savaient qu'au fond, ce projet ne verrait jamais le jour, planifier ces aventures ensemble permettait à Julia de s'évader. À travers les discussions et les plans grandioses qu'elles échafaudaient toutes les deux et que Louise m'a rapportés, j'ai compris que même si la réalité les séparait physiquement, leur complicité, leur amour et leur imagination étaient des liens forts qui les reliaient malgré la distance.

VOUS N'ÊTES PAS SEUL(E)

La distance chamboule le quotidien et ses priorités

Une amitié à distance est une amitié entre deux personnes qui vivent assez loin l'une de l'autre. Cette distance peut affecter la relation car les amis se voient peu, voire pas du tout. Et c'est d'autant plus dur quand on a été habitué à la présence de l'autre par le passé. Lorsque des amis sont géographiquement proches, ils ont la possibilité de passer plus de temps ensemble. Cette proximité signifie qu'ils peuvent vivre des expériences communes à travers des moments partagés qui renforcent leurs liens. Ils ont plus de facilité à échanger et être présent l'un pour l'autre. La distance complique un peu les choses et il est vrai que bon nombre de relations n'y survivent pas, car les personnes impliquées peuvent commencer à négliger la relation, en y investissant moins de temps et d'effort. En effet, maintenir le contact peut devenir une tâche difficile puisqu'elle nécessite plus de logistique : une organisation supplémentaire pour prévoir des temps d'appels téléphoniques ou de rencontres, la prise en compte du décalage horaire dans le cas où l'autre se trouve dans une zone géographique très éloignée… Pas évident à gérer… mais faisable, si les deux en ont l'envie. Alors, posez-vous la question : quelles sont vos priorités ? Dans quoi avez-vous envie d'investir votre temps et votre énergie ? Une amitié profonde et sincère mérite bien un peu de réorganisation pour pouvoir rester dans la vie l'un de l'autre.

Le syndrome FOMO (*Fear of Missing Out*), notre pire ennemi

Souvent, les déménagements s'accompagnent de transitions importantes comme le début des études supérieures ou une relation de couple qui nécessite pour l'un des deux amis de s'installer ailleurs. Lorsque la personne avec qui l'on passe le plus de temps nous annonce qu'elle part vivre de nouvelles aventures sans nous, le choc peut être rude. On a l'impression d'être en plein naufrage, abandonné sans bouée de secours, on se demande si notre amitié va survivre à cette tempête. Et cette crainte ressentie est légitime. Ces moments de transition peuvent créer de la fragilité en vous, car l'amitié va se retrouver confrontée à de nouveaux défis. Ce sentiment de crainte porte un nom : le syndrome FOMO ou *Fear of Missing Out* (la peur de manquer quelque chose). Lorsque vous êtes éloigné physiquement de vos amis, il peut être difficile de ne pas ressentir cette peur de passer à côté des moments importants de leur vie. Cela peut engendrer un sentiment d'isolement et d'exclusion ; vous avez l'impression de ne pas pouvoir participer pleinement à leurs nouvelles expériences et vous ressentez un grand vide. La technologie moderne, bien qu'elle facilite la communication à distance, peut également aggraver le FOMO. En voyant des photos et des mises à jour de vos amis en train de passer des moments heureux sans vous, vous pourriez ressentir une pointe de jalousie et d'envie.

Qu'elles soient permanentes ou temporaires, et peu importe dans quelle zone géographique vous vous trouvez, les fuseaux horaires ou la connexion Internet, les relations à distance sont *dures*. Il n'y a pas de formule pour éliminer le sentiment de manque constant que l'on ressent loin de ses amis. Cependant, il est important de vous rappeler qu'en acceptant ce que vous ressentez, vous pouvez peut-être mieux naviguer à travers les défis qui accompagnent la séparation physique. Une amitié longue distance peut en effet susciter toute une gamme d'émotions. Certaines positives et stimulantes (la joie de voir son ami évoluer dans sa vie, la réjouissance lors des retrouvailles et la valorisation des moments passés ensemble, même s'ils sont simples et courts), et d'autres, plus difficiles à gérer (la frustration provoquée par les difficultés de communication liées au décalage horaire, la tristesse causée par le manque, l'anxiété liée à l'avenir de l'amitié...). Il est très difficile d'exprimer ce mélange d'émotions, car la complexité de ces sentiments révèle une dualité : d'une part, le désir de rester connecté à son ami et de l'autre, le poids de la distance physique. Soyez indulgent envers vous-même, il ne faut pas non plus oublier que vous êtes en train de vivre un défi émotionnel complexe. Essayez de mettre des mots et d'embrasser toutes ces émotions, tout en vous focalisant sur les plus positives.

Accepter que le lien se distende

C’est un fait : certaines amitiés réussissent à survivre à la distance et d’autres, non. Une amitié longue distance ne veut pas forcément dire rupture radicale ou *no contact*, mais la distance géographique peut parfois se transformer en distance émotionnelle. Le manque de présence physique peut s’avérer être une cause de détachement. Ce n’est pas toujours ce que l’on souhaite entendre, mais l’amitié est un voyage et tout au long de votre vie, vous allez vivre des hauts et des bas ; elle doit passer des obstacles : les changements de vie, les priorités au quotidien, les nouvelles personnes rencontrées de part et d’autre peuvent influencer la dynamique de la relation, et c’est aux deux amis de voir comment ils souhaitent gérer la situation. Parfois, l’éloignement se fait progressivement des deux côtés et le lien devient moins fort, mais personne n’est lésé et c’est OK. C’est juste une évolution possible de la relation, où chacun avance dans sa vie vers une direction différente, sans frustration. Mais parfois, l’un des deux en souffre plus que l’autre et c’est à ce moment-là que l’amitié est le plus mise à l’épreuve. Dans ce cas-là, il ne faudra pas hésiter à discuter.

ÇA VA ALLER !

Repérez les signes d’éloignement pour mieux en parler

Pour maintenir une amitié à distance, il est important d’être présent l’un pour l’autre. Cela signifie s’impliquer dans la vie de votre ami, que ce soit par des appels, des messages ou des petites attentions. Être disponible, c’est aussi être prêt à passer du temps ensemble, même si les choses se passent virtuellement. Or, tout le monde n’est pas prêt à cela, consciemment ou pas, et il arrive qu’avec le temps, moins d’efforts soient investis dans la relation. Voici quelques signes qui peuvent vous alerter :

- Les appels, les messages, l'échange de nouvelles… diminuent de semaine en semaine. Si les communications basiques deviennent moins fréquentes et perdent de leur spontanéité, cela peut indiquer un éloignement progressif.
- Les priorités ne sont plus les mêmes. Vous donnez moins d'importance à vos sessions « catch-up » habituelles. À la seconde où l'un des deux devient paresseux et ne fait plus l'effort de donner des nouvelles, votre amitié commence à s'évaporer progressivement.
- Vous arrêtez de partager des moments importants de votre vie. Si votre ami emménage dans l'appartement de ses rêves, que vous avez été largué ou que vous avez trouvé un nouveau travail, et qu'aucun des deux ne met l'autre au courant, cela signifie que l'autre n'est plus vraiment dans votre vie lors des étapes clés.
- Vous commencez tous les deux à vous oublier, d'une certaine façon, et la confiance qui résidait auparavant en l'autre n'est plus aussi marquée qu'auparavant. Cela peut s'accompagner (ou pas) de petites prises de tête ou d'indifférence.

Si vous voyez ces signes se mettre en place progressivement et que cela vous fait souffrir, la communication ouverte est la clé. Parlez à l'autre de ce que vous ressentez, de ce qui vous préoccupe, et écoutez votre ami de la même manière si les inquiétudes viennent de son côté.

Quelques *tips* pour soigner la relation malgré la distance

Il est naturel que certaines amitiés deviennent plus fragiles lorsqu'une longue distance sépare les personnes concernées, mais un lien plus fragile ne veut absolument pas dire que l'amitié ou les sentiments ont disparu. Ils sont toujours présents, mais on fait parfois moins d'effort pour en prendre soin. Alors, n'attendez pas que le lien se dégrade si cette amitié compte pour vous. Pour l'entretenir, voici quelques conseils :

Soyez créatifs dans vos échanges

Nous vivons à une époque où tout passe par le téléphone. C'est un merveilleux moyen de rester en contact au quotidien, mais il existe une foule d'autres possibilités d'échanges qui peuvent surprendre et faire plaisir : vous pouvez opter pour des lettres, des cartes postales ou des colis surprises. Dans ces derniers, pourquoi ne pas mettre des petites choses simples que vous aimeriez partager avec votre ami ? Ces attentions montrent que vous pensez à l'autre et le toucheront certainement.

Pour entretenir l'étincelle de votre amitié, communiquez quotidiennement !

N'hésitez pas à fixer des dates pour échanger régulièrement et faire le point sur tout ce qui s'est passé dans votre vie ces derniers jours. Vous pouvez aussi entamer des petites conversations du quotidien, spontanées, comme un « J'ai vu ces chaussettes avec des lapins dessinés dessus et j'ai pensé à toi » ou un « J'ai bu du chocolat chaud aujourd'hui et ça m'a fait du bien ». Vous aviez certainement déjà ce genre de conversations simples lorsque vous aviez encore l'occasion de vous voir. Pourquoi ne pas les poursuivre ?

Partagez des expériences en ligne

Ce n'est pas parce que vous êtes loin que vous ne pouvez pas faire des choses ensemble. Vous pouvez regarder des films ou des séries, jouer à des jeux en ligne... Bien sûr, cela n'est pas pareil que de se voir, mais ces moments permettent de continuer de créer une connexion et des souvenirs à travers des activités communes malgré la distance.

Lancez un petit projet ensemble

Ayez un but commun : cela peut être une création de playlists de musiques communes ou l'écriture d'une histoire à quatre mains. Vous pouvez aussi rejoindre des cours de langue en vue d'un futur voyage, ou des cours de cuisine que vous suivrez ensemble avant de comparer vos plats. Toutes les idées sont bonnes pour garder le lien ! Et cela vous donnera encore plus envie de vous revoir.

Créez-vous des routines

Les routines sont rassurantes et on les attend souvent avec impatience. N'hésitez pas à en proposer à votre ami. Par exemple, vous pouvez, tous les 19 du mois, vous envoyer une liste de choses qui vous ont rendus fiers ces derniers jours et célébrer vos petites victoires ensemble pour renforcer le sentiment de proximité.

En partageant tous ces petits moments, vous construirez une relation solide malgré la distance. Ces amitiés peuvent être aussi fortes que celles où les amis sont proches géographiquement. L'histoire de Louise et de Julia en est un bel exemple. Elle montre que la séparation physique n'a pas diminué l'intensité de leurs sentiments, bien au contraire. La distance a été une épreuve qu'elles ont surmontée ensemble, et elle a renforcé leur connexion émotionnelle. La vraie amitié peut résister à l'épreuve du temps et de l'espace, et devenir plus forte malgré la distance lorsque les deux amis mettent assez d'implication et d'engagement.

Chapitre 16

ÉVITER LA MISE À L'ÉCART DANS UNE AMITIÉ À TROIS

Quand le trio doit être équilibré

L'amitié à trois est une chose formidable quand les relations entre chaque membre du trio sont équilibrées. J'ai expérimenté dans ma vie deux types de trio qui n'avaient rien à voir l'un avec l'autre. Le premier trio a démarré au collège. Iris et moi nous connaissions déjà depuis un an quand nous avons rencontré Maëva. À cette époque, nous échangions, sans nécessairement former un trio amical. C'est au lycée que nous nous sommes rapprochées et liées davantage ; elles sont devenues mes meilleures amies. Au début, je faisais vraiment en sorte que nous soyons comme les doigts de la main. Je m'investissais beaucoup dans cette relation, j'avais en tête l'amitié à toute épreuve de trios comme Harry, Ron et Hermione ou les Totally Spies ! Mais très vite, j'ai senti un déséquilibre entre le lien qu'elles créaient entre elles et celui qu'elles tissaient avec moi : j'étais toujours la dernière à être mise au courant des événements en cours. Des décisions étaient prises sans me consulter et je me retrouvais confrontée à des situations auxquelles je ne m'attendais pas. J'arrivais souvent au milieu d'une conversation où elles riaient de façon complice et ne prenaient pas le temps de m'inclure et de m'expliquer de quoi il était question. Parfois, je scrollais sur les réseaux sociaux et je tombais sur des photos d'elles dans des endroits où elles n'avaient pas pris la peine de m'inviter. J'étais toujours celle qui prenait l'initiative de proposer des choses, et même quand j'essayais de créer une atmosphère plus inclusive, je ne pouvais pas échapper à l'impression persistante d'être exclue. Les signes étaient toujours là : des regards échangés, des rires étouffés en ma présence, des réticences à partager certains moments... Au fond, j'étais juste devenue la spectatrice involontaire d'un duo.

Juin 2023. J'ai construit ma vie, je suis fière de la façon dont j'ai évolué et j'ai réussi à m'entourer de personnes de valeur. C'est ce que je ressens au contact d'Amel et de Firdaws. Chaque été, nous avons une tradition qui nous est chère : nous nous organisons toutes les trois un pique-nique au bord d'un lac. Chacune de nous contribue à ce festin en préparant un ou deux plats. Les saveurs se mélangent à la brise estivale. On s'assoit toujours en face du lac, à l'ombre d'un arbre. Des canards apparaissent de temps en temps pour nous tenir compagnie, l'atmosphère est chaleureuse et enveloppe nos rires complices qui résonnent entre les arbres. Allongées sur la couverture, nous partageons des anecdotes, des moments de joie et des réflexions profondes. On est toutes les trois très différentes et chacune apporte ce qu'elle est à cette amitié équilibrée. On tisse des souvenirs qui s'entremêlent avec le doux bruissement des feuilles et le clapotis apaisant de l'eau. Dans ce trio, je trouve une sérénité rare, une chose que je ne trouvais jamais dans mon trio du lycée. Je peux être vulnérable sans crainte du jugement. Amel et Firdaws sont mes ancrages, elles sont toujours présentes pour me soutenir. Il n'y a pas de place pour l'exclusion dans nos conversations et mes idées sont toujours écoutées avec attention. Au fil des étés, notre rituel au bord du lac est devenu bien plus qu'une tradition. C'est devenu le symbole incontestable de notre amitié dans un lieu où l'on se retrouve, où l'on se ressource et où l'on se reconnecte. Et la beauté du lac devient comme le miroir de notre magnifique amitié.

VOUS N'ÊTES PAS SEUL(E)

« Dans un trio, il y a toujours un duo » ? Attention au trio toxique !

Les groupes de trois fascinent comme ils effraient. Certains modèles, comme le Golden Trio d'*Harry Potter*, ou Sam, Clover et Alex dans les *Totally Spies*, en ont fait rêver plus d'un (dont moi) avec leur dynamique équilibrée. Et d'autres vous diront que les trios « dans la vraie vie » ne se révèlent JAMAIS aussi harmonieux et que le lien entre deux des personnes du trio prend plus d'importance, laissant la troisième personne de côté. Il est donc temps de briser ces mythes et de ne pas tomber ni dans la fascination ni dans la peur… *Il y a des trios qui fonctionnent et d'autres non* ! Quand l'amitié n'est pas équilibrée, qu'on se retrouve avec un duo *plus* une personne, on est dans une dynamique toxique qui offre à la troisième personne une expérience émotionnelle dévastatrice. Elle se sent rejetée, comme si elle ne répondait pas aux attentes implicites du trio ; participer à des conversations, partager des moments privilégiés ou être inclus dans les décisions devient un défi ; elle se demande constamment si sa présence a réellement de l'importance ; sa confiance en elle est ébranlée, elle commence à douter de sa propre valeur et son estime d'elle-même est mise à l'épreuve. Lorsque je me retrouvais rejetée au sein du premier trio, un mélange complexe d'émotions surgissait en moi. Je ressentais un profond sentiment d'injustice, je me questionnais constamment sur la raison de ce traitement, malgré mon investissement dans notre relation. La frustration grandissait, mais je n'arrivais pas à faire comprendre aux deux autres filles l'impact de leurs actions sur moi. Et cela finissait par alimenter une colère dirigée contre elles mais également contre moi-même. Cette colère, non exprimée, affectait mon bien-être mental et augmentait mon anxiété. Je me sentais *de trop* dans ce trio, car elles se complétaient très bien sans moi. Pendant des années, et ce même après la fin de notre amitié, je m'en suis voulu : je me disais que j'essayais de faire fonctionner quelque chose qui n'avait pas besoin de moi pour avancer, que c'était sûrement moi qui avais exagéré et que ce trio n'avait jamais existé. En réalité, ce trio avait *bel et bien existé*, il était juste malsain.

Halte à la culpabilité !

Surmonter mon sentiment de culpabilité a été un processus graduel. D'abord, j'ai dû accepter. J'ai pris le temps de mettre des mots sur mes émotions, en comprenant que ressentir de la déception et de la tristesse était naturel face à une amitié qui n'était pas aussi saine que je l'aurais souhaité. J'ai travaillé à différencier ma propre responsabilité des dynamiques toxiques du trio. Cela m'a fait comprendre que, même si je souhaitais une amitié épanouissante, le lien dépendait de la volonté et de l'investissement des autres membres du groupe, je ne pouvais pas porter seule le poids de sa réussite. J'ai pris cette expérience comme une leçon précieuse et si cela vous arrive, je vous invite à en faire de même. Au lieu de vous focaliser sur les erreurs du passé, utilisez ces leçons pour vous orienter de façon saine dans vos futurs choix. Cela aide à établir des limites claires, à reconnaître les signes d'une amitié saine et à investir son énergie dans des relations qui nourrissent plutôt que dans celles qui affaiblissent. En vous acceptant avec bienveillance, vous relâcherez peu à peu le fardeau de la culpabilité qui pesait sur vos épaules. Et rappelez-vous : ce n'est pas parce que quelqu'un d'autre vous a rejeté que vous devez vous rejeter également.

Ne vous empêchez pas d'aller vers un trio sain par peur de l'exclusion

Pendant longtemps, j'ai été marquée par ce trio toxique et je me suis empêchée de m'ouvrir à de nouvelles amitiés. Mais j'ai rencontré les bonnes personnes, et grâce au travail d'introspection que j'avais fait, j'ai réussi à aller de l'avant. J'ai fait la connaissance d'Amel et Firdaws dans le cadre d'une association caritative. Un jour où, sur un coup de tête, ces filles et moi avons décidé d'aller manger une glace. Lorsque trois amies sortent ensemble, il est courant que l'une d'entre elles finisse par se sentir de trop. Mais pour Amel, Firdaws et moi, trois n'était pas *trop* : c'était un nombre magique, une évidence. On se connaissait déjà, mais nous n'avions jamais pris le temps d'échanger vraiment, et le jour où nous l'avons fait, c'était indéniable : nous étions faites pour être amies toutes les trois. Ça peut paraître ringard, mais quand l'une de nous n'est pas là, les deux autres ressentent un manque. Pourquoi notre trio fonctionne-t-il si bien ? À mon sens, c'est parce que nous sommes trois personnes égales au sein d'un même ensemble, aucune de nous n'est dans un rôle dominant, il n'y a pas de leader et personne ne dicte sa conduite au groupe. Notre amour est réciproque et équitable, il favorise un lien plus fort. C'est comme si nous avions tissé un réseau de soutien inébranlable, sur trois pieds. Lorsque l'une d'entre nous est indisponible pour répondre à une deuxième, la troisième est toujours présente, prête à offrir une oreille attentive et une épaule sur laquelle se reposer. C'est une sorte de rotation naturelle, une manière de nous assurer mutuellement qu'aucune de nous trois n'est laissée à la dérive dans les moments difficiles. Un autre élément contribue à rendre notre relation solide : on se complète parfaitement. Nos différentes professions - psychologue pour Firdaws, scientifique pour Amel et autrice pour moi, créent une diversité stimulante au sein de notre trio. Chacune apporte son expertise, son regard unique, et on enrichit nos échanges par nos connaissances mutuelles. Cette diversité élargit nos horizons et renforce notre complémentarité, faisant de notre trio une force dynamique et équilibrée.

ÇA VA ALLER !

Apprenez à trouver votre équilibre… ou à naviguer seul

Renoncer à soi-même au profit d'un trio qui ne vous témoigne pas d'amour et de respect peut être une expérience douloureuse et inconfortable. Parfois, on a tellement envie de s'insérer dans une dynamique à plusieurs que l'on s'oublie soi-même. Il est essentiel de réaliser que vous avez le pouvoir de choisir vos relations et que vous ne devriez pas vous contenter de moins que ce que vous méritez. Il peut arriver que certaines relations commencent mal, ou alors qu'avec le temps, un déséquilibre s'installe dans un trio qui avait pourtant bien débuté. Cela ne signifie pas forcément que les personnes impliquées sont malveillantes, c'est peut-être juste que vos besoins et vos priorités sont différents. Essayez de faire la part des choses dans tout cela. Parfois, en communiquant mieux, on peut rétablir l'équilibre. Mais parfois, il n'y a pas de volonté de fournir des efforts pour arriver à une harmonie. C'est dans ces moments-là qu'il ne faut pas hésiter à s'extraire du trio et à prendre le large. Si une ou des personnes ont décidé de vous exclure de la dynamique de la relation, ne le prenez pas personnellement, ce n'est pas votre faute. Mais vous avez le droit de reprendre les rênes et de quitter cette dynamique qui vous fait du mal. Il est donc essentiel de privilégier votre bien-être et votre bonheur en laissant derrière vous des relations qui vous font plus de mal que de bien.

Persister avec des personnes qui vous font vous sentir sans importance peut être épuisant émotionnellement et être mauvais pour votre estime de soi. Ce n'est pas sain d'offrir constamment votre énergie et votre temps quand on ne vous le rend pas. Il est crucial de reconnaître quand un trio ne vous convient plus et de prendre la décision de passer à autre chose.

Sachez vous écouter pour aller vers plus d'harmonie

Vous n'avez pas à vous sentir responsable de continuer à vous investir dans des relations qui vous causent du tort. Vous avez le pouvoir de choisir de vous entourer de personnes qui vous soutiennent et vous aident à évoluer. On sent vite quand une relation nous fait ressentir du mal-être... dans ce cas, écoutez-vous et ne vous forcez pas. Prioriser son bien-être est un acte d'amour-propre et de respect de soi. Vous n'êtes pas contraint de rester dans des relations qui n'alimentent pas votre âme ou ne vous procurent pas de bonheur. Vous pouvez opter pour la liberté et investir dans des amitiés qui vous offrent un soutien authentique, vous font vous sentir entendu(e) et aimé(e). C'est une décision qui vous appartient et qui contribuera à votre épanouissement personnel.

Voici un repère pour vous aider : le trio peut être comparé à un orchestre harmonieux où chaque instrument joue un rôle unique et essentiel dans la mélodie qu'est l'amitié. Cela peut être à travers la diversité des perspectives ou la similarité de vos expériences, mais vous avez le pouvoir de créer une dynamique solide et épanouissante dans ce trio. Entourez-vous de personnes aux parcours différents pour enrichir vos échanges, mais n'hésitez pas non plus à partager vos passions et vos centres d'intérêt. Que ce soit à travers la diversité ou la similitude, il est important pour vous de trouver l'équilibre qui fait de votre trio une source de soutien, de compréhension et de croissance mutuelle. L'essentiel réside dans l'authenticité des liens que vous construirez et dans votre capacité à évoluer ensemble au fil du temps.

Chapitre 17

CONSIDÉRER QUE LES AMITIÉS DE GROUPE PEUVENT AUSSI NOUS RENFORCER

Quand les relations plus légères nous font du bien

En tant que personne introvertie, je ne suis pas forcément la mieux placée pour parler des dynamiques de groupe, puisque j'ai peu vécu d'amitiés de ce type. En revanche, j'ai observé que les relations de groupe sont multiples : elles peuvent être toxiques si certains membres prennent le leadership et imposent leur vision des choses, mais elles peuvent aussi être un merveilleux soutien lorsque le rapport entre les amis est harmonieux. Cela a été le cas pour Maddy, une amie rencontrée au travail, qui a accepté de partager avec moi son histoire.

Au lycée, Maddy souffrait de phobie scolaire : la simple idée d'aller en classe était une source d'anxiété immense, allait au-delà de ses ressources émotionnelles et provoquait chez elle une douleur extrême. Il lui arrivait souvent de ne pas pouvoir aller en cours. Malgré ses crises, Maddy avait croisé sur son chemin deux amies merveilleuses qui l'avaient soutenue durant toute la période du lycée. Malgré un changement de cadre, à la fac elle avait eu la chance de retrouver ses deux amies. Ces présences familières avaient considérablement apaisé son anxiété, et son quotidien était beaucoup plus facile à vivre. Au cours de la première année, Maddy a également fait la connaissance d'une fille particulièrement sociable, Alice. Toutes deux se sont rapprochées et elles ont commencé à fusionner leurs groupes d'amis respectifs pour en former un plus grand. Ce groupe comptait huit personnes : quatre garçons et quatre filles. Très vite, ce cercle d'amis est devenu une safe place pour chacun d'entre eux, un espace où les rires et les bons moments, toujours légers, leur permettaient de se ressourcer. Leurs rencontres se déroulaient toujours au même endroit : sous l'un des trois préaux de la fac. Sans que personne ne le mentionne vraiment, c'était comme une évidence : c'était leur lieu. Un jour, Maddy les a vus arriver sous ce préau avec un énorme gâteau et des bougies ! C'était son anniversaire et ils avaient décidé de la surprendre. Ils ont prolongé les festivités à la fin des cours en se rendant tous ensemble en ville pour boire un verre. Maddy m'a confié que c'étaient des moments simples comme ceux-ci qui l'avaient fait se sentir bien durant ses années de fac. Chaque interaction avec ce groupe d'amis était comme une bouffée d'air frais. Elle oubliait son passé difficile et se levait tous les matins avec le cœur léger et la sensation que ses angoisses étaient derrière elle, qu'elle pouvait être elle-même sans jamais craindre le jugement. Elle m'a également rapporté un fait intéressant : dans ce groupe, seules ses deux amies proches étaient informées de son ancienne phobie ; Maddy n'avait pas souhaité en informer les autres et c'était très bien ainsi. Elle m'a confié que chaque personne du groupe gardait une part d'intimité, mais que cela n'empêchait pas chacun d'être très attaché aux autres. Pour elle, ce groupe n'était pas seulement une source de soutien au quotidien, c'était un refuge où tout le monde était accepté et valorisé tel qu'il était. Elle m'a révélé que, pour elle, le secret d'un groupe d'amis réussi résidait dans la création de cette atmosphère décontractée, où tout le monde pouvait respirer après avoir passé une journée intense, profiter de ces moments d'insouciance. Comme dans tous les groupes, il y avait parfois des petites tensions dues au va-et-vient des amis du groupe et des nouvelles personnes qui les rejoignaient de temps à autre, mais il y avait toujours un ou plusieurs membres pour dédramatiser et apaiser ces tensions. La dynamique était saine et équilibrée.

Aujourd'hui, ce groupe n'existe plus car chacun a pris un chemin différent, mais Maddy a mentionné que même si ces amis ne se voyaient plus tous ensemble ni aussi régulièrement, elle avait toujours gardé contact avec certains d'entre eux. En terminant *son histoire, elle a souligné l'importance de ce groupe dans sa vie, et je pouvais percevoir une pointe de nostalgie dans sa voix. Mais je sentais également toute sa gratitude d'avoir rencontré ces personnes à un moment de sa vie où elle en avait eu besoin, combien elles l'avaient aidée, par leur gaieté et leurs sourires, à aller mieux. Elle savait que le changement était inévitable et que chaque histoire avait une fin, mais cela ne diminuait en rien la valeur des souvenirs précieux qu'ils avaient partagés ensemble.*

VOUS N'ÊTES PAS SEUL(E)

Nous avons tous vécu un moment dans notre vie où nous souhaitions appartenir à un groupe d'amis fort et soudé. Comme pour les trios (voir chap. 16), notre inconscient collectif a été forgé par certaines séries emblématiques comme *Friends*, *The Big Bang Theory* ou *How I Met Your Mother*, qui dépeignent des groupes d'amis très fusionnels et toujours présents les uns pour les autres. Mais force est de constater que dans la vraie vie, les groupes d'amis ne suivent pas ce schéma stéréotypé que l'on a tendance à voir à l'écran : c'est ce qui en fait la beauté.

Les groupes d'amis sont généralement dynamiques, ouverts et mouvants

Une des principales caractéristiques du groupe réside dans les va-et-vient constants de certains de ses membres. Un groupe d'amis n'est pas fermé : il est toujours en mouvement. Certains amis s'éloignent puis reviennent, de nouveaux visages sont accueillis temporairement ou sur le long terme ; comme dans l'histoire de Maddy, certains groupes peuvent aussi fusionner... Les dynamiques sont donc multiples et mouvantes, et cela peut faire peur. On peut avoir du mal à trouver son équilibre, craindre que le groupe ne survive pas à tous ces changements. Et pourtant, cela ne signifie pas que la cohésion du groupe est ébranlée. On peut au contraire y voir un environnement où les interactions sont toujours fraîches, où les sentiments sont constamment renouvelés et, surtout, où chacun a l'occasion d'évoluer à travers de nouvelles connexions. Toutes ces dynamiques peuvent être complexes et naviguer dans ces transitions constantes peut ne pas convenir à tout le monde. Il est donc important de reconnaître et de traiter les émotions de perte ou de changement qui peuvent surgir chez certains membres du groupe, tout en essayant d'encourager une attitude positive envers les nouvelles amitiés qui se présentent.

Il est tentant d'aller vers des relations fusionnelles, mais chaque membre du groupe doit savoir exister individuellement

Lorsqu'on n'est pas familier des dynamiques de groupe, on peut avoir tendance à rechercher des relations fusionnelles avec chaque membre. Cela existe probablement pour certains petits cercles d'amis, mais c'est généralement très compliqué... et épuisant ! Des relations multiples se jouent entre les amis d'un même groupe : certains peuvent être plus proches entre eux, d'autres être dans une dynamique plus superficielle... et tout cela est OK ! Car un groupe est fait de multiples individus, avec leur caractère, et chacun apporte sa touche. Les séries télévisées nous présentent des modèles d'amis qui sont constamment en contact et partagent chaque aspect de leur vie. Oui, cela peut véhiculer de belles valeurs, mais dans la réalité, il est important d'exister aussi individuellement : cultivez vos propres centres d'intérêt, créez d'autres liens en dehors de cette sphère sociale spécifique... Vous avez le droit de vivre hors de ce cercle. En gardant un lien fort avec vous-même, il vous sera d'ailleurs beaucoup plus facile de passer des moments de qualité seul avec vous-même, sans forcément avoir besoin des autres membres de votre groupe pour vous tenir compagnie.

Savoir se satisfaire de relations moins profondes

Un point que je trouve intéressant dans l'histoire de Maddy, c'est qu'elle ne dit pas tout à tout le monde. Chaque personne garde une petite part d'intimité et c'est tout à fait acceptable. Elle ne voulait pas parler de sa phobie scolaire car elle ne voulait pas immiscer ce sujet lourd dans une relation qu'elle souhaitait légère. On a tout à fait le droit de se satisfaire de relations moins profondes avec les autres, cela contribue même parfois à notre équilibre personnel. Même lorsque notre besoin affectif est fort et que nous recherchons un soutien émotionnel auprès de nos amis, des amitiés un peu plus légères, moins intenses, peuvent également nous faire du bien. De mon côté, je me suis rendu compte que la quête perpétuelle de relations profondes et intenses capte beaucoup mon énergie émotionnelle et mentale. Parfois, je trouve tout simplement plus réaliste et sain de cultiver des relations moins exigeantes, dans lesquelles on n'a pas de pression, qui sont juste associées à des moments simples et heureux.

Pas facile de se faire sa place dans un groupe d'amis quand on est plutôt du genre introverti

Les amitiés de groupe ne conviennent pas forcément à tout le monde et c'est OK. Naviguer au sein d'un groupe peut être un défi, surtout pour les personnes plutôt introverties comme moi. Si vous ne vous sentez pas à l'aise dans ce type d'amitié, ne vous imposez pas cela. En revanche, si c'est plus la timidité qui vous retient, sachez que personne n'a besoin d'être le centre de l'attention pour se faire accepter par les autres membres du groupe. Souvent, on a tendance à valoriser l'extraversion et la sociabilité mais, en observant les groupes autour de moi, j'ai noté que chaque individu apporte sa propre contribution précieuse au collectif, quelle que soit sa manière d'interagir. Les extravertis vont apporter de la communication et de l'énergie, les introvertis, du calme et de la tempérance, les leaders naturels vont se démarquent par leur capacité à inspirer les autres... cette diversité de personnalités offre au groupe toute sa richesse. Un groupe d'amis sain doit être fondé sur le respect mutuel et la compréhension, favoriser un environnement où chacun peut se sentir à sa place et valorisé pour ce qu'il est réellement. Et bien que des défis puissent survenir de temps en temps, il faut garder en tête de maintenir constamment son authenticité, ce qui vous permettra de surmonter les obstacles et de trouver votre équilibre au sein du groupe.

ÇA VA ALLER !

Naviguer dans le monde de l'amitié n'est pas toujours une tâche aisée, et encore moins quand plusieurs personnes sont concernées. Comment créer des liens avec cette multiplicité de personnalités ? La réponse dépend de vous et de ce que vous souhaitez.

Apprenez à définir vos liens

Vous pouvez créer des liens très intimes avec des personnes du groupe avec qui vous avez plus d'affinités, et être dans des relations moins engageantes avec d'autres. L'essentiel est de rester authentique et dans le respect de tous. Prenez le temps de définir quelle relation vous avez avec qui, et de voir si cela vous convient. En comprenant la nature de ces relations, vous serez plus en mesure de gérer votre temps et votre énergie selon les types d'amitié, de trouver votre équilibre. Chaque cercle comble un besoin dans votre vie et joue un rôle différent.

Les amitiés va-et-vient

Les amis va-et-vient sont une des facettes de l'amitié. Ce sont des personnes que l'on rencontre de temps en temps, que ce soit lors de fêtes, au travail, dans nos différentes activités ou grâce à des amis communs. On connaît leur nom et quelques détails de leur vie, mais on n'a jamais partagé de moments vraiment intimes ou de tête-à-tête avec eux. Ces relations restent légères, il n'y a pas d'implication émotionnelle particulière ; on sait que quand on les voit, ça se passera bien. Les échanges sont joyeux et ludiques ; parfois, on les approfondit et parfois pas, et c'est un peu grâce à eux qu'on développe nos *socials skills* : il n'y a pas de prise de tête ou d'appréhension par rapport à des conversations profondes, les *small talks* font l'affaire. On peut avoir des discussions occasionnelles avec ces personnes, dans une ambiance décontractée, et les choses se déroulent naturellement et avec aisance.

Les amis sociaux

Les amis sociaux sont des personnes avec lesquelles nous avons les mêmes centres d'intérêt et que nous pouvons rencontrer et apprécier dans des endroits divers comme au travail, à un club de sport ou de lecture. On les connaît un peu mieux que les « amis va-et-vient », mais notre lien avec eux repose souvent sur des lieux ou des activités communes. On passe du temps avec eux régulièrement et, à force de faire des activités ensemble, on apprend à se connaître. Ces amitiés ajoutent de la joie et de la légèreté dans notre vie : plus nous partageons de moments avec eux et plus nous créons de bons souvenirs. Les liens créés, que ce soit un amour commun pour un sport, une passion comme la pâtisserie ou une addiction à une série, amènent à des conversations décontractées qui permettent des échanges simples et amusants. Ces amitiés impliquent moins de pression et d'investissement émotionnel, elles offrent des interactions détendues, sans entrer nécessairement de façon profonde dans la vie de l'autre.

Les amis intimes

Au sein d'un groupe, il se peut également que vous vous sentiez plus proche de certaines personnalités. Nous avons déjà beaucoup parlé des amitiés intimes dans d'autres chapitres et n'allons pas le développer ici, mais gardez en tête que c'est tout à fait OK d'avoir envie de créer des liens plus profonds avec certaines personnes du groupe.

Soyez ouvert au fait que ces liens sont mouvants

Il est important de reconnaître que ces catégories ne sont pas figées dans le marbre et que ce n'est pas grave. Vous pouvez très bien être très proche de certains membres du groupe à un moment et vous éloigner à d'autres. Restez ouvert à l'idée que la dynamique du groupe puisse évoluer. Les relations peuvent se transformer, et il est parfois nécessaire d'accepter ces changements. Accepter l'évolution du groupe implique de ne pas s'accrocher de façon rigide à une dynamique particulière. Il peut y avoir des moments où certains membres vont se rapprocher davantage, tandis que d'autres vont vouloir s'éloigner momentanément. Ces changements ne doivent pas nécessairement être perçus comme négatifs : ce sont plutôt comme des ajustements propres à chacun, des évolutions naturelles. Être ouvert à ces changements permet de construire un environnement où chacun pourra grandir individuellement tout en contribuant au bien-être collectif du groupe.

Trouvez le bon équilibre pour les dynamiques de groupe

La définition du type de relation se pose souvent lorsque vous faites face à un large groupe d'amis. Comme toute organisation sociale, chaque personne assume un rôle. Parfois, l'équilibre se fait naturellement et parfois, il nécessite quelques ajustements. Certains membres vont vouloir se positionner en leaders, d'autres vont mettre un point d'honneur à se distinguer de leurs congénères, d'autres encore vont adopter une position plus en retrait... Il peut aussi arriver que certaines décisions ne plaisent pas à tous. Des sentiments de rejet et des désaccords peuvent naître face à tout cela. Cette instabilité est inévitable tant que l'équité n'est pas présente au sein du groupe. Il est essentiel que chacun puisse trouver sa place.

Si vous sentez des déséquilibres dans votre cercle d'amis, plusieurs approches peuvent être envisagées pour favoriser une atmosphère plus positive (cependant, il est crucial que chacun fasse sa part) :

Gérez les conflits de manière constructive

Si des conflits surgissent, abordez-les de manière posée. Encouragez le dialogue plutôt que la confrontation et cherchez des solutions mutuellement acceptables. Prenez le temps de vous parler franchement (en groupe ou entre les personnes en conflit). Essayez de comprendre les sentiments de chacun pour résoudre les éventuels malentendus. Assurez-vous que les attentes de tous sont claires. Définissez ensemble les objectifs, les valeurs communes et les règles de fonctionnement du groupe.

Respectez les différences de chacun

Reconnaissez et respectez les différences entre les membres du groupe. Chacun a sa personnalité, ses opinions et ses préférences, et cela peut contribuer à la richesse de tous. Certains voudront aussi plus s'investir que d'autres dans la dynamique globale et cela n'est pas grave tant que tout le monde y trouve son compte.

Proposez des activités pour renforcer les liens

Organisez des activités qui renforcent la cohésion du groupe, comme des sorties, des jeux ou des projets communs. Cela peut aider à créer des expériences positives partagées.

Soyez à l'écoute

Soyez attentifs aux besoins et aux préoccupations les uns des autres. L'écoute active favorise la compréhension mutuelle et renforce les liens.

QUE FAIRE QUAND LA RELATION DE GROUPE EST MALSAINE ?

Pendant mes années de lycée, la crainte de me retrouver seule m'a poussée à tout faire pour m'intégrer à un groupe profondément méchant et à m'adapter aux attentes de ses membres. Au sein de ce groupe, il m'était impossible d'exprimer mes opinions, mes pensées ou mes sentiments. Il arrivait que ces personnes passent à côté de moi dans les couloirs sans me regarder ni se soucier de ma présence, et parlent entre elles comme si je n'étais pas là. Elles ont même commencé à répandre des rumeurs blessantes à mon sujet à l'intérieur de l'établissement. Physiquement, je n'étais pas seule, mais à leurs côtés, je me sentais plus seule que jamais. Aujourd'hui, avec du recul, je réalise que ce n'était pas à moi de changer ou de m'adapter à leur vision. Ma façon d'être ne correspondait peut-être pas à ce que ces personnes attendaient, mais reflétait surtout une absence de bienveillance de leur part. Aujourd'hui, j'ai pris conscience que je n'ai pas besoin de me faire accepter au sein d'un groupe pour que l'on m'apprécie à ma juste valeur. Il est crucial de reconnaître que toutes les relations ne sont pas saines, et il est important de ne pas se forcer à être dans des groupes qui ne nous respectent pas. Des amitiés de groupe peuvent être très saines si toutes les relations y sont équilibrées, mais il est essentiel de savoir reconnaître quand cela devient toxique et de s'éloigner pour préserver son bien-être.

Chapitre 18

SE RÉVÉLER À TRAVERS L'AMITIÉ MIROIR

Quand l'autre nous encourage et croit en nous

Depuis quelque temps, je m'investis dans une association caritative pour construire une nouvelle école avec mon amie Alba. Afin de récolter des fonds, on nous a demandé de préparer des crêpes pour un événement. Nous étions toutes les deux très enthousiastes à l'idée de mettre nos cœurs et notre énergie dans une si bonne cause, mais je ne savais pas du tout comment m'y prendre. Alors Alba m'a proposé son aide. Il faut dire qu'elle s'y connaît en crêpes. Elle a plein de petites astuces pour réussir LA crêpe parfaite : bonne température de la poêle, consistance de la pâte, technique pour retourner la crêpe sans l'abîmer... Mais tout ça, ça s'apprend ! Soucieuse de bien faire, j'observais attentivement ses gestes et essayais de comprendre la technique. On ne va pas se mentir : malgré mes efforts, mes premières tentatives furent désastreuses. La pâte s'étalait de manière désordonnée et, une fois cuite, elle prenait des formes étranges et peu appétissantes. Mais au lieu de me décourager, j'essayais de garder le sourire et de continuer.

Comme nous partagions un moment de complicité, Alba a soudain eu envie de me parler d'un projet secret qu'elle avait en tête depuis plusieurs jours : elle souhaitait créer son agence événementielle. Elle m'a avoué après coup qu'elle appréhendait un peu ma réaction : ce projet lui tenait à cœur et j'étais l'une des premières personnes à qui elle décidait de s'ouvrir. Elle a commencé à m'exposer ses rêves et ses doutes et j'ai tenté de la mettre en confiance par une écoute attentive et des encouragements enthousiastes. Je souhaitais être un soutien solide : elle a pris le temps de passer en revue chacune de ses peurs et nous en avons discuté ensemble ; je savais qu'elle avait toutes les capacités pour arriver à mener son projet à bien. Je l'ai aussi rassurée en lui disant qu'il était normal d'avoir des craintes mais qu'elle n'avait absolument pas à s'en faire car je serais présente pour elle tout le temps que son projet durerait. Elle avait l'air sincèrement surprise et touchée de ma confiance.

Pendant que nous partagions nos idées, contre toute attente, j'avais réussi à faire une crêpe avec une vague forme circulaire... Enfin ! Alba me l'a fait remarquer, m'a félicitée et nous avons célébré ma victoire avec enthousiasme car, malgré l'aspect peu conventionnel de ma création, nous savions toutes les deux que c'était le premier pas vers un mieux. Et effectivement, au fil du temps, j'ai continué à m'exercer et à m'améliorer. Grâce au soutien de Alba, je suis devenue de plus en plus habile et aujourd'hui, je peux vous affirmer que mes crêpes sont presque aussi délicieuses que les siennes, voire meilleures, dans certains cas ! Même si je n'avais pas les compétences au départ, Alba a su m'aider à me dépasser, et grâce à notre écoute mutuelle, nous avons toutes les deux vécu un moment d'entraide et d'amitié incroyable qui nous a tirées vers le haut. De son côté, elle a partagé un savoir-faire et m'a encouragée, et du mien, je l'ai incitée à croire en elle et en ses rêves en trouvant les bons mots. Alba m'a montré que quand on met du cœur dans quelque chose, on finit par réussir, peu importe les échecs ou les obstacles. Elle m'a aussi fait comprendre l'importance de soutenir ses amis dans leurs efforts, même lorsqu'ils rencontrent des difficultés et qu'ils doutent d'eux-mêmes. Elle l'a fait pour moi comme je l'ai fait pour elle, ce cercle vertueux nous aura profité à toutes les deux et aura renforcé notre confiance en nous.

VOUS N'ÊTES PAS SEUL(E)

L'autre comme un miroir de nos doutes… mais aussi de nos fiertés

Une amie bienveillante, c'est comme une source de lumière douce qui éclaire les coins les plus sombres de votre être. C'est une présence qui, au lieu de juger, sait accueillir vos échecs et vos peines, mais aussi vos joies et vos réussites. Elle agit comme un miroir fidèle qui reflète sans distorsion ni jugement ce qui se passe en vous pour mieux essayer de vous comprendre et de vous soutenir. À travers une relation de ce type, Alba a mis à nu les facettes les plus profondes de sa personnalité et j'ai su éclairer son chemin de manière authentique. Ce genre d'amitié nous aide à révéler ce que nous sommes réellement car elle fait ressortir le meilleur de nous-mêmes. Qu'il s'agisse de nos talents, de nos valeurs, de nos qualités, mais aussi de nos peurs et de nos doutes, elle nous aide à voir ce que nous avons longtemps tenu caché. En ce qui me concerne, j'ai longtemps voulu cacher que je rêvais de devenir autrice car je trouvais ce rêve absurde, irréalisable et beaucoup trop ambitieux pour moi ; j'avais peur du regard des autres, de ne pas être à la hauteur. Mais en m'entourant des bonnes personnes, j'ai réussi à croire en moi et en mes capacités : elles ont su me donner confiance. J'ai ainsi pu transmettre à Alba ce que j'avais eu la chance de recevoir. C'est normal de douter de soi, mais en choisissant de s'entourer de personnes qui nous aident à reconnaître les forces qui se trouvent en nous, on se choisit également. Leur amour nous aide à nous aimer nous-mêmes, même si on a parfois longtemps étouffé ce sentiment en pensant qu'on n'en était pas digne. Les amitiés m'ont donné confiance en moi et m'ont appris à mieux m'accepter.

La tentation de rester centré sur soi

Vous l'aurez compris après avoir lu les autres chapitres de ce livre, l'amitié va dans les deux sens. Tout comme notre ami accepte d'être notre miroir sans jugement, nous nous devons, nous aussi, d'être dans une écoute active et dans la valorisation de l'autre, comme Alba et moi l'avons fait. Pas toujours facile d'être à l'écoute quand on est soi-même plongé dans ses propres problématiques... Et pourtant, savoir être là pour l'autre et l'écouter à notre tour s'il ou elle a besoin de nous rend la relation d'autant plus forte. On se sent compris et accepté tel que l'on est, d'un côté comme de l'autre. L'insécurité et le jugement n'y ont pas leur place et les sentiments de sécurité et de liberté procurés de part et d'autre vont permettre de grandir ensemble. Dans cette amitié, la confiance est tissée comme un fil solide qui relie nos cœurs. On sait qu'on peut se livrer sans réserve, exprimer ses pensées les plus profondes, ses craintes les plus intimes, en sachant que nos confidences seront accueillies avec respect et compréhension. C'est une confiance qui repose sur des fondations solides, forgées au fil du temps à travers des moments partagés, des épreuves surmontées et une sincérité mutuelle. Le respect est le ciment des amitiés miroirs. Nous respectons nos différences, nos choix de vie, nos opinions (qui peuvent parfois être divergentes). Chacun de nous est libre d'être lui-même. C'est une relation où l'on se soutient mutuellement dans nos aspirations individuelles et où l'on célèbre sans jalousie les réussites de l'autre.

Oser se lancer

Il est facile de céder à la tentation du doute : on pense qu'on n'est pas assez bien, qu'on n'y arrivera pas... Dans le cadre d'une amitié miroir, nous expérimentons un sentiment profond de sécurité qui nous permet de nous épanouir pleinement, mais aussi de nous dépasser. C'est un espace dans lequel nous sommes libres d'explorer notre véritable essence, de libérer nos pensées les plus intimes et de révéler nos facettes les plus authentiques tout en créant une *safe place*. Cette sécurité émotionnelle nous offre la confiance nécessaire pour partager nos joies, nos peines, nos réussites et nos défis. Elle nous permet d'exprimer nos opinions sans craindre d'être mal compris, et elle encourage la transparence dans nos relations. La liberté qui émane de cette amitié miroir, cette liberté qui nourrit notre créativité, renforce notre confiance en nous-mêmes et favorise notre épanouissement et notre courage, se traduit par la possibilité d'explorer de nouvelles idées, de prendre des risques. Nous ne sommes plus entravés par la peur du jugement, nous avons face à nous quelqu'un qui nous soutient dans nos aspirations et nos initiatives.

En révélant nos pensées les plus profondes et nos aspirations les plus sincères, nous renforçons notre connexion avec nos amis bienveillants. C'est dans cette intimité partagée que naissent des liens durables, forgés par la confiance mutuelle et le respect. Ainsi, une amitié miroir devient un terrain fertile où nous pouvons non seulement être acceptés pour ce que nous sommes, mais aussi être encouragés à devenir la meilleure version de nous-mêmes en réalisant nos rêves les plus fous.

LES TYPES D'AMITIÉS MIROIRS À AVOIR DANS SA VIE

L'amitié miroir se caractérise avant tout par une écoute bienveillante et active. Voici quelques types d'auditeurs extraordinaires que vous pourrez croiser sur votre chemin et qui vous feront avancer, chacun à leur manière :

– Les présents : ceux qui sont prêts à vous écouter à tout moment et sont attentifs au moindre détail de ce que vous racontez.

– Les transparents : ceux qui communiquent sans tourner autour du pot et ne vous laissent jamais dans le flou.

– Les persévérants : ceux qui vont toujours jusqu'au bout, qui n'abandonnent jamais tant que les choses n'ont pas abouti.

– Les doux : ceux qui ont une aura tendre et bienveillante, quel que soit leur interlocuteur.

- Les boute-en-train : ceux qui sont capables de transformer les moments les plus basiques en fous rires irrépressibles et vous transportent dans un univers de joie intense.
- Les piliers : ceux qui accueillent votre vulnérabilité de tout leur être et deviennent l'épaule sur laquelle pleurer.
- Les enthousiastes : ceux qui sont encore plus heureux que vous de vos succès et vous soutiennent avec enthousiasme dans vos rêves.
- Les compréhensifs : ceux qui vous donnent l'espace nécessaire quand vous avez besoin de moments seul et qui n'ont pas besoin de justification.
- Les semeurs : ceux qui vous encouragent à atteindre vos objectifs, à relever des défis et à persévérer dans la poursuite de vos rêves.
- Les connecteurs : ceux dont les bonnes ondes restent avec vous, même après les avoir quittés.
- Les authentiques : ceux qui acceptent vos défauts et vous aiment malgré tout car ils savent que personne n'est parfait, mais que vous l'êtes à leurs yeux.

TOUT VA BIEN !

Pour construire une amitié miroir, il faut apprendre à devenir soi-même un miroir pour l'autre. En adoptant cette posture, vous l'encouragerez à se refléter à travers vous et à vous rendre ce que vous être en train de lui donner. Alors, comment s'y prendre ?

Mettez en place les bases de l'amitié miroir

Voici quelques conseils non exhaustifs pour favoriser une amitié de ce type. Attention cependant ! Tout le monde n'a pas toujours des intentions bienveillantes ; si vous voyez que quelqu'un profite de votre miroir, éloignez-vous-en. Il est important de se rappeler qu'une amitié miroir nécessite un investissement mutuel et un soutien réciproque.

Adoptez une posture empathique

Misez sur une communication bienveillante et honnête avec votre ami. Soyez prêt à partager vos pensées, vos sentiments et vos préoccupations, et encouragez l'autre à faire de même. Quand il s'exprime, sachez être vraiment à l'écoute : tendez l'oreille et ne lui coupez pas la parole. Essayez de comprendre ses émotions sans jugement, et soyez disposé à offrir un soutien émotionnel lorsque cela est nécessaire.

Proposez une réflexion bienveillante

Lorsque vous partagez des conseils ou des réflexions, assurez-vous qu'ils sont empreints de bienveillance et de compréhension. On ne le rappellera jamais assez : *no judgement* ! Évitez les injonctions du type « il faut », « tu dois » ou les reproches comme « Pourquoi tu n'as pas... ? » ; suggérer est toujours plus efficace qu'imposer.

Acceptez l'autre de façon inconditionnelle

Acceptez votre ami avec ses forces et ses faiblesses, et montrez-lui que vous l'aimez pour ce qu'il ou elle est véritablement. Cela le mettra en confiance, boostera sa confiance en lui ou en elle, et lui donnera la force d'aller jusqu'au bout de ses démarches. L'amour est souvent un cercle vertueux : quand on montre à l'autre qu'on l'aime entièrement, il n'est pas rare qu'il nous le prouve en retour... c'est l'effet miroir !

Encouragez

Tout le monde a des qualités et des défauts, des hauts et des bas ; c'est humain ! Mais parfois, le regard sur soi-même n'est pas objectif et on a plutôt tendance à ne percevoir que le négatif. C'est aussi le rôle des amis de savoir refléter le positif. Prenez toujours le verre à moitié plein. Célébrez les succès de votre ami, encouragez ses passions et soyez un soutien positif dans ses projets et aspirations. Soutenez ses aspirations à grandir et à évoluer, et soyez un catalyseur positif dans son parcours personnel. Vous créerez une dynamique qui vous tirera vers le haut.

Respectez les limites de l'autre

Chacun a une histoire qui lui est propre et nous ne sommes pas tous tolérants face aux mêmes choses. Soyez conscient des limites de votre ami(e) dans la relation et prenez-les en compte. Si votre ami(e) vous fait comprendre qu'il ou elle préfère prendre un chemin plutôt qu'un autre, respectez ses choix. Et si vous avez des désaccords, abordez-les de manière constructive, en mettant l'accent sur les solutions possibles plutôt que sur l'objet du désaccord.

Soyez un soutien dans les moments difficiles

Soyez présent et offrez votre soutien lorsque votre ami(e) traverse des épreuves. Montrez-lui que vous êtes là pour l'aider à surmonter les obstacles auxquels il ou elle devra faire face. Tel un miroir bienveillant, vous poserez les bases pour l'accompagner en lui permettant de se confier à vous sur ses réflexions du moment et sur ses doutes. Cela renforcera le lien qui vous unit.

Chapitre 19

CONJUGUER L'AMITIÉ À TOUTES LES PAGES DE SA VIE

Quand l'amitié nous accompagne au fil du temps

L'une de mes professeures et amies, Nourhane, m'a un jour parlé de ses amitiés. Avec son recul de femme d'expérience, elle m'a notamment raconté la métamorphose de cette relation au fil du temps, selon les étapes de la vie.

Retour en 1974. Nourhane se revoit dans la cour de récré de son école primaire, en train de jouer avec son ami Martin, un petit garçon espiègle. Leur amitié était innocente et authentique : de celles où l'on pouvait se chamailler le matin et tout oublier l'après-midi. Et, comme toutes les amitiés d'enfant, elle était parfois empreinte de jalousie... Un jour, Nourhane vit Martin jouer à la marelle avec une autre petite fille et ses yeux s'élargirent d'incompréhension. Comment osait-il jouer avec quelqu'un d'autre ? Sa fierté l'empêchait de rejoindre les deux enfants et, sans réfléchir, Nourhane partit s'amuser avec une nouvelle amie. À la fin de la récréation, Martin s'aperçut qu'elle jouait avec quelqu'un d'autre. Un mélange de tristesse et de culpabilité l'envahit. Le soir, il vint chez son amie avec un nounours en guise d'excuse – il devint le symbole de leur réconciliation. En un instant, toute jalousie s'envola et leur amitié triompha. Dès le lendemain, Martin et Nourhane étaient de nouveau devenus inséparables et prêts à se chamailler le matin pour mieux rire ensemble l'après-midi. À leur âge, où les ours en peluche et les excuses avaient le pouvoir de tout réparer, ils donnaient une jolie leçon de vie.

1986. Arrivée à l'adolescence, ma professeure a découvert un autre type d'amitié. Celle où les amis deviennent le souffle même de l'existence. Où ils sont inséparables, partagent les secrets les plus intimes, ceux qui semblent sceller leur destinée. La complicité qu'elle a avec ses meilleurs amis de l'époque dépasse tout entendement, en particulier avec Yasmine, qui est son amie la plus proche. Entre elles, c'est comme un pacte indestructible qui passe avant tout le reste. Elles se racontent tout, partagent tout, font tout ensemble.

Au bout de quelques années, la vie de Nourhane prend un tournant inattendu : lors d'un voyage, elle rencontre l'amour. Les jours passent, elle s'éloigne rapidement de ses amis, les deux tourtereaux prennent la décision de se marier et elle, de s'installer dans le pays de son mari. La rupture amicale est brutale, notamment avec Yasmine, à qui elle dit à peine au revoir. Le temps passe, les années défilent… et les chemins divergent.

2009. Les nouvelles technologies sont à leur apogée. Nourhane n'a pas oublié son ancienne meilleure amie et en quelques clics, elle la retrouve via Facebook. Yasmine vit à présent aux États-Unis. Ses messages traversent l'espace virtuel et portent en eux des émotions contenues pendant bien trop longtemps. La magie des réseaux sociaux fait son effet et ravive la flamme d'une amitié que le temps avait mise en sommeil. Depuis cette reprise de contact, Nourhane et Yasmine ont renoué avec la complicité de leur adolescence. Les océans qui les séparent physiquement n'ont pas été un obstacle. À travers les écrans, elles partagent encore aujourd'hui leurs joies et leurs peines, préservant cette amitié qui, malgré des hauts et des bas, a résisté aux épreuves du temps et de l'espace.

Nourhane a échangé avec moi sur le fait qu'elle se sentait vraiment chanceuse d'avoir reconstruit un lien fort avec Yasmine. Car après son mariage, elle a rapidement eu des enfants et son quotidien familial a pris le pas sur sa vie amicale sans qu'elle s'en rende vraiment compte.

Ce témoignage m'a permis de m'interroger sur la place de l'amitié au fil du temps. Et moi, qu'est-ce que je voulais construire dans ma propre vie ?

VOUS N'ÊTES PAS SEUL(E)

Après cette longue conversation avec Nourhane, je me suis rendu compte que l'amitié était un phénomène complexe et non linéaire selon les étapes de vie.

On a tous envie d'idéaliser nos amitiés d'enfance

Les amitiés d'enfance sont certainement la forme d'amitié la plus authentique qui existe. Elles représentent nos premières interactions en dehors du cercle familial, notre premier contact avec le monde extérieur. Lorsqu'on est enfant, on va naturellement vers les autres, sans être entravé par les codes sociaux qui prendront bien trop de place plus tard dans nos vies. Il n'y a pas de masque, pas de calcul, pas de méfiance. Simplement la joie de partager des moments, de découvrir le monde ensemble et de s'accepter mutuellement pour ce que l'on est. Nourhane appelle cela « l'amitié de l'innocence ». Ces amitiés de l'innocence sont souvent synonymes des premiers éclats de rire, des premières découvertes, mais aussi des premières peines. De par leur spontanéité, elles se situent dans un espace émotionnel sans artifices, où chaque réaction est instinctive et chaque expression, sincère. Et au-delà des jeux et des petites aventures partagées, l'amitié d'enfance laisse une empreinte unique qui nous suivra avec le temps et nous aidera à nous construire. C'est une époque où la confiance est totale, où la loyauté est naturelle et où la simple présence de l'autre procure un sentiment de sécurité. C'est pour toutes ces raisons que l'on a tendance à idéaliser cette période, à s'y référer avec nostalgie. Et si ce sentiment d'entièreté est marquant et nous donne envie de rester dans ce type de relation par le confort qu'il procure, il n'est pas une fin en soi, mais juste une étape. En effet, ces liens précieux marquent le début de la découverte de soi et de la construction de son identité en dehors du cercle familial. Ils nous fournissent nos premières leçons sur la compréhension de soi et de l'autre, on apprend à naviguer à travers ces nouvelles sensations, pensées et émotions. À travers ces amitiés, on commence à explorer qui on est réellement, à développer nos goûts, nos préférences et nos premières valeurs (même si on ne s'en rend pas forcément compte). Grâce à l'autre, on découvre la diversité des opinions mais également des expériences, et de nouvelles perspectives s'offrent à nous. C'est un peu la toile sur laquelle s'esquisse l'individu que l'on deviendra. C'est une étape cruciale de nos vies par laquelle on a besoin de passer, mais aussi de s'émanciper. Cette spontanéité et cette simplicité, propres à l'amitié d'enfance, sont des étapes fondamentales dans la vie de chacun, car elles nous préparent pour les autres terrains d'amitié que nous rencontrerons, en tant qu'adolescent puis en tant qu'adulte.

La tentation de se perdre dans l'amitié à l'adolescence

La différence entre « l'amitié de l'innocence » et celle de l'adolescence est frappante ; c'est le jour et la nuit. Bien que ce changement se fasse graduellement, il amène vers une autre forme d'extrême. À l'adolescence, on commence à s'émanciper et la recherche d'identité prend une place de plus en plus importante dans nos vies. On sort de notre bulle familiale pour découvrir le monde sous un tout nouvel angle, on cherche à s'en distinguer pour savoir qui l'on est vraiment. C'est à ce moment-là que nos amis prennent une place essentielle, considérable et nécessaire. On grandit avec eux et on leur confie des choses qu'on ne dit pas à notre famille. Ils sont présents lors de nos premières expériences intenses et deviennent une part tellement importante de notre quotidien qu'ils sont un peu « la famille que l'on choisit ». Notre identité se construit à travers eux : nos centres d'intérêt, nos goûts, les leçons que l'on tire de nos épreuves... La quête de soi devient une priorité et nos amis sont des compagnons de route essentiels dans ce voyage. La sécurité que l'on ressent à leurs côtés nous permet de partager notre vulnérabilité, nos goûts, nos opinions, nos pensées, nos émotions mais également nos contradictions. Ces relations deviennent un refuge, un espace où l'on se sent compris et accepté sans jugement. On partage nos secrets, on confie nos rêves, on trouve un soutien émotionnel essentiel dans ces amitiés. Il est facile de tomber dans la tentation de faire de ses amis sa priorité absolue. On leur accorde une importance telle qu'on finit par les placer avant notre famille et tous nos autres engagements. Une dépendance émotionnelle peut émerger naturellement car les amis deviennent des piliers sur lesquels on s'appuie dans les moments difficiles. Leur absence peut générer un vide immense et leur présence peut apporter une joie intense. Tout cela est normal : ces amitiés adolescentes sont souvent le premier terrain d'exploration des liens humains profonds et elles laissent une trace indélébile en nous. Comme pour celles de l'enfance, ces amitiés intenses et fusionnelles font partie de notre construction et elles en sont une nouvelle étape, pour mieux arriver à la maturité des amitiés adultes.

Savoir trouver son équilibre amical en tant qu'adulte

Lorsqu'on est jeune, consacrer du temps et de l'énergie à ses amitiés est facile et essentiel à notre équilibre. Cependant, à mesure que les responsabilités occupent une part croissante de notre vie, il devient de plus en plus complexe de s'investir autant dans ce type de lien. Au fil des années, on évolue, on entre dans le monde du travail, on change de lieu de vie, certains décident aussi de fonder une famille. Il peut ainsi arriver que l'amitié passe en second plan. Cela peut se faire de façon progressive : au moment où l'on démarre son premier emploi par exemple, certaines relations amicales deviennent moins intenses ; on ne recherche plus forcément à se faire le plus d'amis possible ni à les avoir tout le temps avec soi, on se concentre plutôt sur les amis avec lesquels nous avons une connexion émotionnelle forte et qui nous apportent de la stabilité. Ce sont des relations qui nous permettent de nous enrichir, elles nous aident à prendre du recul sur nous-mêmes et sur les choses qui nous entourent, à nous développer. La solidarité est essentielle et l'amitié devient un pilier pendant ces premières années « d'expérimentation » de la vie d'adulte. Ces relations deviennent notre refuge et nous aident à nous ressourcer lorsque le monde autour de nous devient trop difficile à supporter.

Puis, au fur et à mesure que l'on avance dans cette vie d'adulte (et en âge !), les priorités commencent à changer. Les compagnons de vie, les enfants, les parents, la carrière professionnelle... prennent de plus en plus de temps. Les amis importent toujours dans la vie d'adulte mais ils prennent une place différente. En effet, beaucoup de facteurs entrent en jeu. Le premier, ce sont bien sûr les responsabilités : trouver un emploi, fonder une famille, avoir des parents qui avancent en âge... tout cela constitue un challenge au quotidien. Les défis liés à la vie conjugale, la parentalité, les soins à un proche ou les responsabilités professionnelles peuvent absorber la majeure partie de notre énergie ; on glisse ainsi, parfois inconsciemment, vers un nouveau quotidien où l'amitié finit par prendre moins de place faute de temps. Les interactions fréquentes avec les amis peuvent être remplacées par des échanges sporadiques et les moments partagés - du moins physiquement - peuvent devenir plus rares. La nécessité de concilier les emplois du temps chargés et les responsabilités familiales peut ainsi créer une distance physique et émotionnelle avec eux. Les conversations spontanées et les sorties improvisées sont d'ailleurs souvent remplacées par des rendez-vous planifiés avec une organisation complexe de plusieurs semaines, voire mois, en amont. Selon qu'on a un travail salarié ou non, que l'on a des enfants ou pas, qu'on est plutôt lève-tôt ou couche-tard, les emplois du temps et les rythmes de vie diffèrent, les directions évoluent, et il n'est pas rare de constater que l'on a soudainement moins de points communs, ou plus les mêmes envies, que certains de ses amis. Tout cela n'est pas grave, c'est une évolution tout à fait normale. Il y a des personnes qui passent dans votre vie, avec qui vous partagez des moments forts, mais qui finissent par s'éloigner par la force des choses sans que cela fasse de peine. Et il y a aussi les amitiés solides qui resteront toujours malgré le manque de temps. Ces amis, même si la relation a évolué de façon moins intense, sont eux aussi essentiels à notre équilibre et il est important de soigner ces amitiés, même si elles occupent moins de place. Cela passe par le fait de prendre des nouvelles même si on ne se voit pas, d'avoir ensemble des moments de qualité, d'être là pour l'un et l'autre en cas de coups durs.

Pas toujours facile de se faire de nouveaux amis à l'âge adulte !

En comparaison avec l'enfance et l'adolescence, il devient parfois plus difficile d'établir de nouveaux contacts à l'âge adulte. Souvent, les amitiés que l'on crée sont liées à l'évolution de notre mode de vie : on déménage dans un nouveau quartier et on s'entend bien avec nos nouveaux voisins, on a des enfants et on rencontre d'autres parents à l'école... Ce sont des préoccupations ou des intérêts communs qui nous rapprochent. Je n'en suis pas moi-même au stade où j'ai expérimenté tout le spectre de sentiments propre à la vie d'adulte mais j'ai été très marquée par une chose que m'a dite Nourhane : « L'amitié, c'est comme l'amour. Une fois que tu as tout donné, il est difficile de redonner ce lien à quelqu'un d'autre ». Pour elle, nos premières amitiés sont comparables à nos premières amours : elles sont intenses et entières. Arrivés à l'âge adulte, on peut essayer de retrouver cette passion dans le rapport à l'autre mais en réalité, elle s'inscrit souvent dans un passé doux et nostalgique. Elle m'a confié sa propre expérience en confessant qu'elle n'avait jamais réussi à recréer un lien aussi intense que celui qu'elle avait avec Yasmine. Cela n'empêche pas de faire de nouvelles rencontres solides, et peut-être plus matures à l'âge adulte. Les amitiés nouées à cet âge de notre vie ne sont pas qu'un « bonus », un plus superficiel comparé aux amitiés créées plus jeunes. Elles sont peut-être moins passionnées, mais cela n'enlève en rien la profondeur du lien qui peut se former. Et une chose est sûre : que les amitiés soient anciennes ou récentes, qu'elles soient intenses ou douces, elles nous aident à grandir et à évoluer. Cela a été scientifiquement prouvé qu'avoir des amitiés sincères est nécessaire dans la vie de chaque individu ; l'être humain a besoin de cette compagnie pour favoriser son bien-être émotionnel, renforcer sa résilience face aux défis de la vie et créer un réseau social essentiel à son épanouissement psychologique. En cultivant des amitiés profondes, les individus développent une source précieuse de réconfort, d'écoute et de compréhension. L'échange émotionnel qui caractérise ces relations contribue à alléger le fardeau des préoccupations personnelles et à renforcer la santé mentale. Alors, quel que soit notre âge, ne négligeons pas l'importance de l'amitié dans nos vies !

ÇA VA ALLER !

Acceptez votre parcours amical avec ses joies et ses peines

De l'enfance jusqu'à l'âge adulte, le parcours de l'amitié connaît des évolutions significatives. Chaque année, ces relations offrent l'opportunité de vivre de nouvelles expériences, de blessures parfois, mais surtout de précieuses leçons qui contribuent à façonner notre vision du monde et notre trajectoire vers la quête de notre identité. « L'évolution amicale », c'est un peu comme un livre : chaque chapitre apporte son lot de moments clés et de nouveaux apprentissages. De l'innocence de l'enfance à l'intensité des rapports adolescents, des premiers émois de la vie d'adulte jusqu'à l'évolution vers la maturité... à chaque stade, les amis rencontrés favorisent un peu de notre développement en tant qu'individu. Les joies partagées ont été des sources de bonheur et de force, les épreuves ont forgé la résilience, et les leçons tirées de chaque amitié peuvent, encore aujourd'hui, servir de boussole pour naviguer dans les océans de la vie adulte.

Cultivez vos amitiés pour mieux trouver votre équilibre

J'ai appris avec le temps que je suis moi-même un univers émotionnel et que chaque relation que j'entretiens est une planète, essentielle au bon fonctionnement de mon système intérieur. Chacune de ces planètes a sa place, et aucune ne peut être expulsée sans compromettre l'harmonie de l'ensemble. C'est ainsi que j'ai compris l'importance de consacrer du temps à la planète de l'amitié. Ce n'est plus une dépendance comme cela a pu l'être par le passé, mais entretenir mes amitiés reste une nécessité pour atteindre ma stabilité émotionnelle. Tout comme les planètes du système solaire interagissent pour maintenir son bon fonctionnement, mes amitiés contribuent à créer une atmosphère saine et équilibrée en moi. Leur présence et leurs échanges enrichissent mon expérience de vie, nourrissent mon univers intérieur de diversité et de bien-être. L'âge adulte apporte son lot de défis, notamment en matière d'amitié. Pourtant, cultiver des relations authentiques et épanouissantes demeure une nécessité. Voici quelques conseils bienveillants qui vous offriront des clés pour vous guider dans la construction de liens durables et significatifs, quel que soit votre âge :

Soyez vous-même

N'ayez pas peur d'être authentique. Les véritables amis apprécient la personne que vous êtes réellement, avec vos forces et vos faiblesses.

Communiquez

La communication est essentielle. Exprimez vos besoins, écoutez ceux de vos amis, et résolvez les éventuels malentendus en étant ouverts et respectueux l'un envers l'autre.

Investissez dans des relations significatives

Plutôt que de chercher la quantité, concentrez-vous sur la qualité ! Les amitiés profondes et sincères seront plus enrichissantes et durables.

Acceptez les changements

La vie évolue, et les amitiés aussi. Soyez ouvert aux changements et comprenez que les amis peuvent avoir des disponibilités et degrés d'engagement différents à diverses étapes de leur vie.

Soyez patient

Les amitiés durables prennent du temps à se construire. Ne soyez pas découragé si cela ne se fait pas instantanément. Misez sur la patience et laissez les liens se renforcer naturellement.

Cultivez l'empathie

Essayez de comprendre les expériences et les points de vue de vos amis et de vous mettre à leur place sans les juger. L'empathie renforce les liens et favorise une connexion plus profonde.

Faites preuve de gratitude

Appréciez vos amis et exprimez-leur votre reconnaissance. Les petites attentions et les gestes de gratitude renforcent le lien émotionnel.

Soyez disponible

Être présent dans les moments importants de la vie de vos amis permet de créer un lien fort. Montrez votre soutien en partageant les joies et en étant là dans les moments difficiles.

Équilibrez votre vie sociale et votre vie familiale ou professionnelle

Trouvez un équilibre sain entre les interactions sociales et le temps passé à assumer vos responsabilités. Il est important de prendre soin de soi et de continuer à nourrir ses amitiés.

Acceptez l'imperfection

Les amis ne sont pas parfaits, et les relations non plus. Acceptez les petites imperfections et ne laissez pas des détails mineurs compromettre des relations précieuses.

Chapitre 20

S'ENRICHIR DES AMITIÉS INTERGÉNÉRATIONNELLES

Quand l'amitié n'a pas d'âge

J'ai pu observer, depuis plusieurs années, une facette de l'amitié que je trouve très riche et sur laquelle j'aimerais clore ce livre : l'amitié entre personnes de différentes générations.

C'est en 2008 que mon papa fait la rencontre de celui qui deviendra par la suite son meilleur ami. À cette époque, il est embauché dans un grand groupe sidérurgique et ne parle pas très bien français. À son arrivée, il est accueilli par Adam, un jeune homme souriant qui a une bonne dizaine d'années de moins que lui. Dès le début, Adam prend mon père sous son aile et devient un allié précieux pour son processus d'intégration : il l'aide à naviguer dans ce nouvel environnement et partage avec lui ses connaissances sur l'entreprise, ses valeurs, ses méthodes de travail ; il lui explique aussi comment apprivoiser ses autres collègues. Grâce à ses conseils avisés et à son soutien constant, mon père s'adapte rapidement à son nouveau poste. Au fil du temps, leur collaboration professionnelle se transforme en une véritable amitié. Pourtant, mon père et Adam n'ont a priori rien en commun : ils n'ont pas le même âge, pas la même vie familiale (Adam n'a ni compagne ni enfant au moment où ils se rencontrent)... Mais quelque chose les a définitivement rapprochés : le respect qu'ils ont l'un envers l'autre. Malgré la barrière linguistique, Adam n'a jamais hésité à aider mon père et cela les a même poussés à mieux travailler leur compréhension mutuelle et leur empathie. Une réelle volonté de s'entraider a alors émergé. Mon père, plus âgé, a parfois vu Adam plongé dans des dilemmes de vie et a su partager ses propres expériences pour le guider. Aujourd'hui encore, dès qu'Adam a besoin de conseils et qu'il *rencontre des difficultés, c'est toujours vers mon père qu'il se tourne car il sait qu'il se montrera disponible et lui apportera son soutien, ses conseils et son regard avisés. Mon père m'a également expliqué qu'il n'hésitait pas à demander son opinion à Adam quand lui-même avait besoin d'un conseil, car sa façon de penser était différente de la sienne et qu'il avait souvent un point de vue auquel il n'avait pas pensé.*

Au début de leur amitié, Adam était célibataire. Mon père m'a avoué que cette situation facilitait grandement leurs rencontres car il était disponible, ainsi tous deux arrivaient à se ménager des moments ensemble hors du travail. Lorsqu'Adam a commencé à construire une vie de famille, ils se sont vus moins fréquemment mais cela n'a altéré en rien leur lien profond. Aujourd'hui encore, ils accordent une importance particulière à cultiver ce lien basé sur l'authenticité et le partage.

VOUS N'ÊTES PAS SEUL(E)

Je trouve que l'amitié intergénérationnelle est l'une des plus fascinantes car elle fait sauter toutes les barrières et tous les préjugés. Elle peut parfois faire un peu peur lorsqu'on n'est pas familier de ce type de relation, mais je vous invite à regarder de plus près ce qui s'y joue.

Halte aux préjugés : l'amitié n'a pas d'âge !

Vous trouverez toujours des gens pour vous dire que les personnes de différentes générations ne peuvent pas se lier à cause du manque de points communs, d'une façon de parler différente ou d'un angle de vue divergent ; d'autres encore se moqueront du fait que certaines amitiés intergénérationnelles font ressembler à un couple parent-enfant. Ces jugements peuvent affecter la confiance en soi et en la relation amicale car on a toujours envie d'être validé par tout le monde. Gardez en tête qu'il s'agit de critiques hâtives et non fondées. Quoi qu'en disent les mauvaises langues, la tranche d'âge des personnes avec qui vous passez du temps n'a aucune importance tant que votre amitié est sincère. Au contraire, la diversité favorise un environnement stimulant où chacun peut s'inspirer mutuellement et contribuer au développement personnel et à l'épanouissement de l'autre. Les amitiés de ce type méritent donc d'être célébrées car elles sont un véritable pont entre les générations. Elles brisent les barrières sociales, culturelles et parfois même linguistiques, comme cela a été le cas pour mon papa et son meilleur ami. Elles témoignent de la capacité de deux personnes, malgré leur différence d'âge et de parcours de vie, à se connecter profondément grâce à un amour mutuel et une compréhension réciproque.

L'essentiel, c'est d'être bien ensemble et d'avoir des valeurs communes

En observant mon père et Adam durant toutes ces années, j'ai compris une chose : le secret d'une amitié réussie n'a rien à voir avec l'âge, les origines ou les priorités familiales du moment. Dans leur cas de figure, en effet, tout semblait les opposer : un père de famille d'une quarantaine d'années face à un représentant de la fameuse génération Y, célibataire et sans enfant... Leurs expériences de vie, leurs priorités et leur regard sur le monde étaient *a priori* tout à fait différents et on aurait pu supposer que la communication entre eux soit compliquée... Et pourtant, ces deux hommes se sont rendu compte, en se fréquentant, qu'ils étaient liés par des valeurs communes. Malgré leur différence d'âge, j'ai pu observer une relation imprégnée de confiance et de transparence, dans laquelle il n'y a jamais eu aucune place pour le mensonge. Dans cette relation, chacun des deux s'engage à être authentique et honnête envers l'autre. Ils donnent sans attendre en retour, sont là l'un pour l'autre dans les bons moments comme dans les mauvais. En bref, chacun traite son ami comme il aimerait être traité lui-même - avec tolérance et respect.

Attention à toujours rester dans une relation équilibrée

La beauté des amitiés intergénérationnelles réside dans le fait que tous les partis, quel que soit leur âge, sont sur un pied d'égalité. Ce n'est pas parce que l'un des deux est plus âgé qu'il doit prendre l'ascendant sur l'autre ni que le plus jeune doit se sentir intimidé ou inférieur. Le respect de l'un et de l'autre est essentiel pour préserver des liens amicaux sains. Et que vous soyez plus jeune ou plus âgé, évitez les jugements hâtifs et acceptez que l'autre puisse avoir des références culturelles ou des modes de communication différents des vôtres. En discutant avec mon père, il m'a fait réaliser que la sagesse ne se résume pas à l'âge, mais aux expériences vécues et à ce qu'on en fait. Il m'a aussi enseigné l'importance de rester ouverte à tout type d'apprentissage, que cela vienne d'un enfant ou d'un vieillard. Car selon lui, tout le monde détient des leçons précieuses auxquelles nous devons être réceptifs, nous pouvons tous nous apporter quelque chose les uns aux autres.

TOUT VA BIEN !

Mon père a bien raison de souligner toute la richesse liée à ce type de relation. Le fait d'être confronté à la différence nous rend plus ouverts, plus à l'écoute, plus tolérants. Si vous vous posez encore des questions, voici quelques arguments qui vous donneront peut-être envie de vous lancer :

Quels sont les avantages d'une amitié intergénérationnelle ?

Bénéficier du dynamisme des plus jeunes

Les amitiés entre personnes ayant un écart d'âge important permettent une ouverture vers une culture et une façon de penser différentes des siennes, ainsi qu'un point de vue enrichi, parfois complémentaire de sa propre vision du monde.

Mon papa m'a transmis que bénéficier de l'amitié d'une personne plus jeune que lui a apporté une dynamique enrichissante dans sa vie. Et en effet, des amis plus jeunes auront souvent une sensibilité accrue aux tendances, à la musique contemporaine et aux aspects de la culture populaire. Leurs perspectives fraîches et leur connexion avec le monde moderne peuvent offrir une fenêtre sur des expériences nouvelles. Par ailleurs, à mesure que l'on avance en âge, la tendance naturelle est de porter davantage son regard sur le passé plutôt que de se projeter dans l'avenir. Passer du temps avec des amis plus jeunes peut renverser cette tendance et permettre de se concentrer sur les opportunités et les expériences encore à vivre. L'énergie des plus jeunes et leur enthousiasme pour des activités inexplorées peuvent raviver une curiosité et inciter à envisager de nouvelles aventures.

Apprendre de la sagesse des plus âgés

De mon côté, j'ai également eu la chance de vivre cette expérience intergénérationnelle en me liant d'amitié avec une personne plus âgée lorsque je suis entrée dans le monde du travail. J'ai appris énormément de choses grâce à son partage d'expérience et ses conseils de vie. Cette personne m'a aidée à avoir un autre point de vue sur les situations pour m'éviter des erreurs et prendre des décisions plus éclairées. Nous avons souvent eu des discussions profondes et réfléchies, mais aussi, à mon grand étonnement, des conversations plus légères et divertissantes. Nos échanges englobaient souvent des anecdotes drôles, des souvenirs joyeux, des discussions sur les tendances actuelles. Grâce à elle, j'ai même appris plein de choses sur la mode ! Cette capacité dynamique de passer de conversations sérieuses à légères nous a permis de renforcer notre lien amical et, surtout, de prendre conscience que l'âge n'est pas un obstacle !

Aller vers une société plus inclusive

Avez-vous déjà vu ces reportages qui montrent des enfants de maternelle allant toutes les semaines visiter des personnes âgées dans des EHPADs ? Cette initiative est proposée par certaines écoles afin que les enfants côtoient des seniors. D'un côté comme de l'autre, on constate énormément d'effets positifs : les enfants mettent de la vie dans ces établissements souvent tristes et apportent un regain de vitalité à des personnes âgées parfois isolées ; ces dernières, quant à elles, permettent aux petits de mieux comprendre certaines choses, les font grandir et évoluer, tant d'un point de vue social que psychomoteur. Les petits apprennent aussi le respect de leurs aînés, et de réels liens affectifs se créent de part et d'autre. C'est un cercle vertueux ! Les amitiés intergénérationnelles remettent en question les stéréotypes liés à l'âge en montrant que la connexion émotionnelle et la compréhension mutuelle peuvent transcender les différences. Ces amitiés contribuent à créer une société plus inclusive et ouverte d'esprit ; elles démontrent que l'amitié est avant tout une question de partage de moments heureux et d'appréciation mutuelle, indépendamment des années qui nous séparent. Ces amitiés mettent en lumière la richesse que chacun peut apporter, quel que soit son âge, et encouragent un dialogue intergénérationnel plus harmonieux.

Où faire des rencontres intergénérationnelles ?

Quand on est jeune, on rencontre plus facilement des gens de son âge à travers l'école, les études, les activités sportives... On évolue très rapidement et on cherche généralement à se lier à des personnes du même âge, qui traversent les mêmes étapes de vie et les mêmes défis. Mais, arrivés à l'âge adulte, et notamment avec l'entrée dans la vie professionnelle, l'évolution n'est plus si rapide et on se retrouve souvent dans des environnements qui mêlent des personnes de différentes tranches d'âge. On s'ouvre donc à d'autres types de profils. Le monde du travail, nous l'avons vu dans ce chapitre, peut-être une porte vers de belles amitiés, tous âges confondus. Il existe plein d'autres terreaux propices à ces amitiés : des associations caritatives, des cours de sport, des sorties culturelles... Comme pour les amitiés en ligne, orientez-vous vers des environnements dans lesquels vous vous reconnaissez et vous sentez bien. Vous y croiserez des personnes qui ont les mêmes centres d'intérêt que vous, et ce sera ensuite à vous de creuser, si vous souhaitez approfondir ou non la relation. Comme pour toute amitié, il faudra alors cultiver votre ouverture d'esprit et votre écoute.

Si mon papa et son meilleur ami sont unis depuis maintenant seize ans, c'est tout simplement parce qu'ils ont fait prospérer leur lien dans un climat de bienveillance, de compréhension et de respect l'un de l'autre. Et finalement, c'est bien là le socle de toute amitié, intergénérationnelle ou non.

CONCLUSION

Il m'a fallu presque un an pour écrire ce livre, mais il m'en a fallu beaucoup plus pour apprendre à exprimer mes pensées les plus profondes. Aujourd'hui, je peux enfin les partager avec vous.

J'ai passé des journées et des nuits entières à me demander si ces histoires d'amitié sauraient toucher mes lecteurs, si mes mots étaient justes, s'ils sauraient faire une différence pour certains. Ces questionnements persistent encore – merci l'anxiété ! –, mais j'aime par-dessus tout le partage et j'ai réussi à me convaincre que, si certains chapitres pouvaient parler à quelques-uns, mon but serait déjà atteint. Dans cette exploration de l'amitié, nous avons parcouru ensemble les hauts et les bas, les joies et les peines qui jalonnent nos relations les plus précieuses. À travers ces réflexions, anecdotes et conseils, j'espère que vous aurez trouvé des réponses, du réconfort et peut-être même un nouvel élan pour nourrir et cultiver vos amitiés. Souvenez-vous toujours que l'amitié est un voyage continu, riche en émotions, qui peut être fait d'échanges comme de conflits, de compréhension comme de déception, mais surtout de soutien mutuel, d'amour réciproque et de communication.

Au cours des quelques voyages que j'ai pu faire jusqu'à maintenant, de nombreuses épreuves se sont présentées à moi : mon cœur a été brisé, ma confiance a été ébranlée et j'ai vécu des expériences qui ont presque anéanti ma foi en l'amitié. J'avais perdu mon chemin... Mais grâce au temps et à une détermination à persévérer, j'ai réussi à me retrouver. J'ai appris petit à petit ce qui fonctionnait pour moi et ce qui ne fonctionnait pas. J'ai mis des limites mais j'ai aussi ouvert mon cœur. Et j'ai surtout compris que le plus important, c'était d'abord de me découvrir moi-même, d'apprendre à m'aimer correctement et de pouvoir compter sur moi plutôt que de demander à l'autre de combler mes propres failles. C'est lorsque je suis arrivée à cette conclusion que mon chemin a croisé la route de personnes merveilleuses avec lesquelles j'ai su, à ce moment-là, tisser des liens forts et sains. Vous l'aurez compris : vous pouvez naviguer à travers cet océan qu'est l'amitié mais le trésor final, au bout de ce périple, réside dans la découverte de vous-même. Parce qu'en fin de compte, la véritable amitié commence par un travail d'acceptation et d'amour de soi pour mieux, ensuite, s'ouvrir à l'autre.

J'espère que mon livre sera une source d'inspiration pour renforcer vos liens amicaux, pour prendre soin les uns des autres et pour faire de chaque moment partagé une véritable aventure enrichissante. J'espère également qu'il vous aura aidé à mieux vous connaître.

Merci de m'avoir accompagnée dans cette exploration. Je vous souhaite, à vous et à vos amis, le meilleur pour la suite.

Avec amour et bienveillance,

Hadeel

REMERCIEMENTS

Je tiens tout d'abord à remercier mes parents. Ils ont toujours su discerner ceux qui étaient de véritables amis et ceux qui ne l'étaient pas – bien avant que je ne le réalise moi-même. Leur capacité à voir au-delà des apparences et à reconnaître les véritables intentions des autres m'a souvent épargné des déceptions et des difficultés. Merci du fond du cœur pour votre amour, votre soutien et vos précieux conseils. Je vous aime plus que les mots ne sauront jamais le décrire.

Je tiens à exprimer ma profonde gratitude envers Gwladys, sans qui ce projet n'aurait jamais vu le jour. Je suis reconnaissante pour sa patience, sa bienveillance et sa capacité à voir le potentiel de ce travail bien avant qu'il ne prenne forme. Merci à elle d'avoir cru en moi et en mon projet depuis le début.

Je veux remercier Aline pour tout le travail qu'elle a fait. Elle a consacré un temps considérable à peaufiner chaque chapitre de ce livre, tout en veillant à ce que le contenu soit parfaitement cohérent et que le message soit transmis de la manière la plus claire et la plus efficace possible. Son engagement et son attention aux détails ont été cruciaux pour mener ce projet à terme. Je suis profondément honorée d'avoir pu travailler avec une personne aussi talentueuse et dévouée.

Je veux remercier toute la team Solar pour m'avoir offert l'opportunité précieuse de réaliser ce projet. Je suis reconnaissante de tout ce qu'ils ont fait pour moi et de tout le travail qu'il y a derrière ce livre.

Merci du fond du cœur à ma communauté Instagram pour son soutien inconditionnel, sa bienveillance et les amitiés virtuelles qui y ont vu le jour. Je me considère chanceuse pour chaque instant passé à vos côtés (même si c'est à travers un écran), et j'espère continuer à partager de précieux moments avec vous dans les années à venir.

Et pour finir, un grand merci à mes chers amis. Que vous m'ayez aimée, déçue, blessée ou soutenue, je vous remercie du fond du cœur. Chacun de vous a joué un rôle important dans ma vie : vous m'avez aidé à grandir, à apprendre et à devenir celle que je suis aujourd'hui. Même si nos chemins se sont séparés, une partie de moi vous gardera toujours dans mon cœur. Merci pour les souvenirs partagés et les leçons apprises. Je suis reconnaissante pour votre présence, quelle qu'elle ait été.

Direction : Didier Férat
Direction éditoriale : Lama Younès-Corm
Édition : Aline Abou Saad et Gwladys Greusard
Maquette intérieur et couverture : Marthe Oréal
Montage : Nord Compo
Correction : Véronique Badin
Fabrication : Laurence Duboscq

Illustration de couverture :
© Studio Smarthe d'après Shutterstock/VD_Igor

ISBN : 978-2-263-18536-6
Code éditeur : L18536
Dépôt légal : mai 2024

Imprimé en France par Normandie Roto Impression s.a.s. (2401614)
Zone Industriel Montperthuis, 61250 Lonrai

Solar, un département d'édi8
92, avenue de France
75013 Paris